Nicolini

5 vor Internes Kontrollsystem

D1750074

Zusätzliche digitale Inhalte für Sie!

Online-Version

Scannen Sie den QR-Code **oder** rufen Sie die Seite **www.nwb.de** auf. Geben Sie den Freischaltcode ein und folgen Sie dem Anmeldedialog. Fertig!

Ihr Freischaltcode

BLZF-QUNZ-IKDK-RVUI-FUJE-WE

Digitale Lernkarten für die erfolgreiche Prüfungsvorbereitung

Rufen Sie die Seite **www.brainyoo.de** auf, geben Sie oben rechts den Produktcode ein und folgen Sie dem Anmeldedialog. Die Lernkarteikarten stehen Ihnen auf Ihrem PC, Mac und mobil für Android und iOS zur Verfügung. Perfekt für das Lernen unterwegs!

Ihr Produktcode

76FE9-8BCA0-3821C-0B65C-C2391

BRAINYOO

www.nwb.de

NWB Bilanzbuchhalter

5 vor
Internes Kontrollsystem

Endspurt zur Bilanzbuchhalterprüfung

Von
Dr. Hans J. Nicolini

3., überarbeitete Auflage

nwb

ISBN 978-3-482-**66613**-1
3., überarbeitete Auflage 2021

Satz: PMGi Agentur für intelligente Medien GmbH, Hamm
Druck: Elanders GmbH, Waiblingen

VORWORT

Die Prüfung zum Fortbildungsabschluss „Geprüfter Bilanzbuchhalter – Bachelor Professional in Bilanzbuchhaltung" bzw. „Geprüfte Bilanzbuchhalterin – Bachelor Professional in Bilanzbuchhaltung" ist eine der beliebtesten Aufstiegsfortbildungen für kaufmännische Berufe. Gemessen an der Zahl der Prüfungsteilnehmer gehört sie zu den wichtigsten, gleichzeitig aber auch zu den anspruchsvollsten kaufmännischen Weiterbildungsabschlüssen überhaupt.

Der vorliegende Titel der „5 vor"-Reihe beschäftigt sich mit dem Handlungsbereich „Ein internes Kontrollsystem sicherstellen" der aktuellen Prüfungsverordnung für Bilanzbuchhalter vom 18.12.2020 und orientiert sich eng am DIHK-Rahmenplan, greift aber für die schriftliche Prüfung wichtige Themen gesondert auf. Die zu prüfende Person soll demnach nachweisen, dass sie in der Lage ist, Risiken in der Unternehmung zu identifizieren, zu bewerten und Maßnahmen zur Risikominderung aufzuzeigen*.

„5 vor Internes Kontrollsystem" kann und will typische Lehrbücher nicht ersetzen. Dieses Buch ist vielmehr als letzte Wissenskontrolle vor der schriftlichen bzw. mündlichen Prüfung gedacht, deshalb können die meisten Fachbegriffe bereits als bekannt vorausgesetzt werden. Zahlreiche Abbildungen und Beispiele verdeutlichen die Zusammenhänge und präsentieren die Thematik so übersichtlich, dass vorhandenes Wissen schnell reaktiviert und vertieft werden kann. Kontrollfragen und Übungsaufgaben unterstützen zusätzlich das Verständnis.

Die bisher vorliegenden Aufgabenstellungen haben das Konzept dieses Titels bestätigt. Deshalb beschränkt sich die Weiterentwicklung der 3. Auflage auf Aktualisierungen und Verbesserungen:

- Der Rechtsstand wurde angepasst und aktualisiert.
- Die Aufgaben wurden im Hinblick auf die Klausuren ergänzt.
- Kleinere Korrekturen und redaktionelle Anpassungen sollen das Lernen weiter erleichtern.

Den angehenden Bilanzbuchhalterinnen und Bilanzbuchhaltern stehen dadurch die aktuell möglichen Informationen zu diesem Handlungsbereich zur Verfügung.

Köln, im Mai 2021 — Hans J. Nicolini

* § 7 Abs. 6 BibuBAProFPrV.

INHALTSVERZEICHNIS

Vorwort V
Inhaltsverzeichnis VII
Abkürzungsverzeichnis XI

I. BESONDERHEITEN IN DER PRÜFUNG 1

II. ARTEN VON RISIKEN IDENTIFIZIEREN UND DOKUMENTIEREN 3

1. Bestehende Risiken für das Unternehmen 3
1.1 Risikodefinition 3
1.2 Möglichkeiten der Risikobegrenzung 5
1.3 Risikoarten 7
1.3.1 Identifikation von Risiken 9
1.3.1.1 Befragung 9
1.3.1.2 Prüfung von Unterlagen und Dokumenten 9
1.3.1.3 Betriebsbesichtigungen 9
1.3.1.4 Fehler-Möglichkeiten-Einfluss-Analyse 10
1.3.1.5 Morphologische Analyse 10
1.3.1.6 Ishikawa-Diagramm 10
1.3.1.7 Fehlerbaumanalyse 10
1.3.1.8 Brainstorming 11
1.3.1.9 Brainwriting 11
1.3.1.10 Delphi-Methode 11
1.3.1.11 Szenarioanalyse 11
1.3.2 Frühwarnsysteme 12
1.3.3 Bewertung von Risiken 13
1.3.4 Aggregation der Risiken 13
1.4 Gründe für eine Risikobegrenzung 14
1.5 Internes Kontrollsystem und Risikomanagementsystem 15
2. Interne Risikoquellen für das Unternehmen 15
2.1 Rechtliche Risiken 16
2.1.1 Vertragsrisiken 16
2.1.2 Rechtsstreitigkeiten 17
2.1.3 Strafen 17
2.1.4 Schadensersatz 17
2.1.5 Unfälle 17
2.1.6 Steuerrisiken 17
2.2 Wirtschaftliche Risiken 18
2.2.1 Finanzielle Risiken 18
2.2.2 Vertrieb und Marketing 18
2.3 Personalrisiken 18
2.4 Prozessrisiken 19
2.5 Datenrisiken 20
2.5.1 Datenverlust 20
2.5.2 Datensicherung 20
2.6 Fraud-Risiken 21

Seite

III. INTERNES KONTROLLSYSTEM AUFBAUEN 25

1. Ziele des internen Kontrollsystems 25
2. Bestandteile eines internen Kontrollsystems 26
   2.1 Risikobewertung 27
   2.2 Risikoaggregation 27
   2.3 Risikosteuerung 27
   2.4 Risikoüberwachung 27
   2.5 Organisation 27
   2.6 Interne Revision 29
   2.7 Frühwarnsystem 29
3. Rechtliche Grundlagen 30
   3.1 TUG 31
   3.2 BilMoG 32
   3.3 KonTraG 32
      3.3.1 Geltungsbereich 32
      3.3.2 Zielsetzung 33
         3.3.2.1 Einrichtung eines Risikomanagementsystems 33
         3.3.2.2 Erstellen eines Risikolageberichts 33
         3.3.2.3 Prüfungsverpflichtung 34
   3.4 DRS 5 34
   3.5 Deutscher Corporate Governance Kodex 34
   3.6 Sarbanes-Oxley Act 34
4. Reduzierung von Fehlerrisiken im Unternehmen 35
   4.1 Anforderungen des Abschlussprüfers gem. IDW 36
      4.1.1 IDW PS 340 36
      4.1.2 Betriebswirtschaftliche Anforderungen 37
   4.2 Lagebericht 38
   4.3 Umfang des internen Kontrollsystems 38
5. Risikofrüherkennungssystem 38
   5.1 Transparenz 39
   5.2 Vier-Augen-Prinzip 39
   5.3 Funktionstrennung 39
   5.4 Mindestinformationen 40
6. Kontrollbereiche 40
   6.1 Aufbauorganisation 41
   6.2 Ablauforganisation 41
7. Qualität eines internen Kontrollsystems 42

IV. METHODEN ZUR BEURTEILUNG VON RISIKEN EINSETZEN 45

1. Kontrollaktivitäten als Komponenten eines internen Kontrollsystems 45
   1.1 Automatisierte und manuelle Kontrollen 45
   1.2 Detektive und präventive Kontrollen 45
   1.3 Primäre und sekundäre Kontrollen 46
   1.4 Checklisten 46

Seite

1.5 Dokumentationen 48
1.6 Anweisungen 49
1.7 Berechtigungskonzept 50
2. COSO 50
2.1 Kontrollumfeld 50
2.2 Risikobeurteilung 51
2.3 Kontrollaktivitäten 51
2.4 Information und Kommunikation 52
2.5 Kommunikation 52
2.6 Überwachung 52
3. Information und Kommunikation als Komponente eines internen Kontrollsystems 53
3.1 Kommunikationsstruktur 54
3.2 Ablaufpläne 54
4. Überwachungsaktivitäten als Komponenten eines internen Kontrollsystems 56

V. MAẞNAHMEN ZUR VERMEIDUNG VON RISIKEN ABLEITEN 59

1. Organisation von Prozessen im Unternehmen 59
1.1 Kernprozesse 59
1.2 Unterstützende Prozesse 59
2. Risiko-Kontroll-Matrizen für Prozesse 59
2.1 Missbrauch-Indikatoren für Prozesse 61
2.1.1 Einkauf 61
2.1.2 Verbräuche 62
2.1.3 Ausschuss 63
2.1.4 Bargeschäfte 63
2.1.5 Fingierte Belege 63
2.2 Interne Kennzahlen für die Prozesse 64
2.2.1 Value at Risk 64
2.2.1.1 Varianz-Kovarianz-Modelle (Delta-Normal-Ansatz) 64
2.2.1.2 Historische Simulation 65
2.2.1.3 Monte-Carlo-Simulation 65
2.2.2 Ausbuchungsquoten 65
2.2.3 Debitorenkennzahlen 66
2.2.4 Kennzahlen zum Wareneinsatz 67
2.2.5 Weitere Kennzahlen 68

VI. ÜBUNGSAUFGABEN 73

Stichwortverzeichnis 81

ABKÜRZUNGSVERZEICHNIS

A

ABB.	Abbildung
Abs.	Absatz
AG	Aktiengesellschaft
AK	Anschaffungskosten
AktG	Aktiengesetz
AO	Abgabenordnung

B

BaFin	Bundesanstalt für Finanzdienstleistungsaufsicht
BGB	Bürgerliches Gesetzbuch
BibuBAProFPrV	Bilanzbuchhalter-Bachelor Professional in Bilanzbuchhaltung-Fortbildungsprüfungsverordnung
BilMoG	Bilanzrechtsmodernisierungsgesetz
bzw.	beziehungsweise

C

ca.	circa
CMS	Compliance-Management-System
COBIT	Control Objectives for Information and Related Technology
COSO	Committee of Sponsoring Organizations of the Treadway Commission

D

d. h.	das heißt
DCGK	Deutscher Corporate Governance Kodex
DRS	Deutscher Rechnungslegungs Standard

E

Euribor	Euro Interbank Offered Rate
evtl.	eventuell
EZB	Europäische Zentralbank

F

f./ff.	folgend/e
FMEA	Fehler-Möglichkeiten-Einfluss-Analyse

G

gem.	gemäß
GenG	Genossenschaftsgesetz
GKV	Gesamtkostenverfahren
GmbH	Gesellschaft mit beschränkter Haftung
GmbH & Co. KG	Gesellschaft mit beschränkter Haftung & Compagnie Kommanditgesellschaft
GmbHG	Gesetz betreffend die Gesellschaften mit beschränkter Haftung
GuV	Gewinn- und Verlustrechnung

H

HGB	Handelsgesetzbuch
HK	Herstellkosten

I

i. d. R.	in der Regel
IDW	Institut der Wirtschaftsprüfer
IKS	internes Kontrollsystem
INTOSAI	International Organisation of Supreme Audit Institutions
ISO	International Organization for Standardization
IT	Informationstechnik

K

Kfz	Kraftfahrzeug
KG	Kommanditgesellschaft
KonTraG	Gesetz zur Kontrolle und Transparenz im Unternehmensbereich

L

lat.	lateinisch
LuL	Lieferungen und Leistungen

M

MaRisk	Mindestanforderungen an das Risikomanagement
Min.	Minute/n
Mio.	Million/en

N

Nr.	Nummer

O

OHG	Offene Handelsgesellschaft

P

PS	Prüfungsstandard
PublG	Publizitätsgesetz

R

RMS	Risikomanagementsystem

S

S.	Seite
sog.	so genannte/r/s
SOX	Sarbanes-Oxley Act

T

TranspRLG	Transparenzrichtlinie-Gesetz
TUG	Transparenzrichtlinie-Umsetzungsgesetz
Tz.	Textziffer

U

u. a.	unter anderem/und andere
u. Ä.	und Ähnliche/s
usw.	und so weiter

V

VaR	Value at Risk
vgl.	vergleiche

W

WLAN	Wireless Local Area Network
WpHG	Wertpapierhandelsgesetz

Z

z. B.	zum Beispiel

I. Besonderheiten in der Prüfung

Tz. 1

Prüfungsverordnung

Durch die Prüfung im Handlungsbereich „Ein internes Kontrollsystem sicherstellen" sollen mittlere Führungskräfte befähigt werden, Risiken in der Unternehmung zu identifizieren, zu bewerten und Maßnahmen zur Risikominderung aufzuzeigen. Entsprechend können folgende Qualifikationsinhalte geprüft werden:

- Arten von Risiken identifizieren und dokumentieren,
- ein internes Kontrollsystem aufbauen,
- Methoden zur Beurteilung von Risiken einsetzen,
- Maßnahmen zur Vermeidung von Risiken ableiten.

umfangreiche Kenntnisse

Verlangt werden also umfangreiche Grundkenntnisse, weniger aber vertiefte theoretische Details. Der Prüfungsteilnehmer soll nachweisen, dass er in der Lage ist, Probleme der betrieblichen Praxis zu analysieren und Lösungsmöglichkeiten unter Beachtung der maßgeblichen Einflussfaktoren zu bewerten. Diesem Anspruch folgt der vorliegende „5 vor"-Titel.

Tz. 2

drei Klausuren

Die Qualifikationsinhalte werden in der schriftlichen Prüfung – zusammen mit dem Handlungsbereich „Geschäftsvorfälle erfassen und nach Rechnungslegungsvorschriften zu Abschlüssen führen" sowie einem Teil des Handlungsbereichs „Kommunikation, Führung und Zusammenarbeit mit internen und externen Partnern sicherstellen" – in der ersten von drei Prüfungsklausuren handlungsorientiert abgefragt.

Aufgabenstellung 1			**Aufgabenstellung 2**			**Aufgabenstellung 3**		
Handlungsbereich		Min.	Handlungsbereich		Min.	Handlungsbereich		Min.
1.	Geschäftsvorfälle erfassen und nach Rechnungslegungsvorschriften zu Abschlüssen führen	180	2.	Jahresabschlüsse aufbereiten und auswerten	120	3.	Betriebliche Sachverhalte steuerlich darstellen	150
6.	*Ein internes Kontrollsystem sicherstellen*	*30*	4.	Finanzmanagement des Unternehmens wahrnehmen, gestalten und kontrollieren	90	5.	Kosten- und Leistungsrechnung zielorientiert anwenden	90
7.	Kommunikation, Führung und Zusammenarbeit mit internen und externen Partnern sicherstellen	30	7.	Kommunikation, Führung und Zusammenarbeit mit internen und externen Partnern sicherstellen	30			
		240			240			240

Maximal können ca. 12 Punkte erreicht werden, das entspricht einer Bearbeitungszeit von ca. 30 Minuten. Für diese vergleichsweise niedrige Punktzahl ist ein hoher Lernaufwand erforderlich, weil das Themenspektrum sehr umfangreich ist.

HINWEIS

Die Verteilung der Handlungsbereiche auf die Aufgabenstellungen ist in der Prüfungsverordnung nicht festgelegt.

Weil in der mündlichen Prüfung neben dem Handlungsbereich „Jahresabschlüsse aufbereiten und auswerten" auch andere Handlungsbereiche einzubeziehen sind, müssen die Teilnehmer ihr Wissen zum Handlungsbereich „Ein internes Kontrollsystem sicherstellen" bis zu diesem Zeitpunkt – der mehrere Monate nach der schriftlichen Prüfung liegen kann – präsent halten oder sich wieder aneignen.

II. Arten von Risiken identifizieren und dokumentieren

Tz. 3

Jede unternehmerische Tätigkeit ist mit Risiken verbunden, durch die Zielsetzung und Zielerreichung beeinflusst werden. Dies liegt einerseits an den Änderungen von soziologischen, politischen, demographischen und ökologischen Rahmenbedingungen, aber auch betriebswirtschaftliche Trends haben Einfluss auf die Unternehmensrisiken. Die hohe Zahl von Insolvenzen, veränderte rechtliche Rahmenbedingungen und die Globalisierung der Märkte erhöhen die wirtschaftliche Bedeutung von Risiken und damit die Notwendigkeit eines effektiven Risikomanagements.

1. Bestehende Risiken für das Unternehmen

Tz. 4

Potenziale ausschöpfen

Managemententscheidungen erfolgen immer unter Unsicherheit, deshalb können ihre Folgen nicht zuverlässig prognostiziert werden. Erst die vollständige Erfassung und wirksame Steuerung der Risiken ermöglicht aber einem Unternehmen, das vorhandene Potenzial vollständig auszuschöpfen. Durch die Einführung eines Risikomanagements soll der Unternehmensleitung ermöglicht werden, Krisen vom Unternehmen abzuwenden.

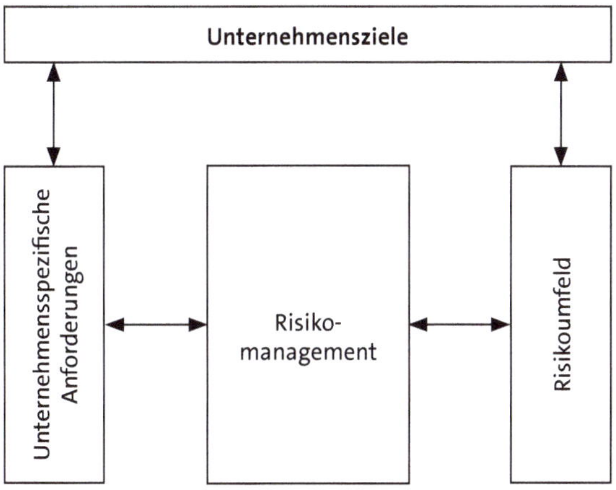

1.1 Risikodefinition

Tz. 5

verschiedene Sichtweisen

Die **traditionelle Sichtweise** („im engeren Sinne") geht davon aus, dass ein „Risiko" einen möglichen Nachteil durch Abweichung von einer Zielgröße beschreibt, der zu einem Verlust führt. Eine Betrachtung möglicher positiver Abweichungen als „Chancen" findet dabei nicht statt, das Risiko wird als schicksalhafte Bedrohung gesehen.

BEISPIEL

§ 91 Abs. 2 AktG: „... damit den Fortbestand der Gesellschaft gefährdende Entwicklungen früh erkannt werden."

Tz. 6

Nach **neuerer Auffassung** („im weiteren Sinne") umfasst ein Risiko positive und negative Abweichungen von einem betrieblichen Ziel und schließt damit auch die Chancen ein. Ein Risiko ist danach die mögliche Differenz zwischen einem Zielwert und dem tatsächlich erreichten Zustand. Die Auswirkungen unternehmerischer Entscheidungen stehen im Mittelpunkt der Betrachtung.

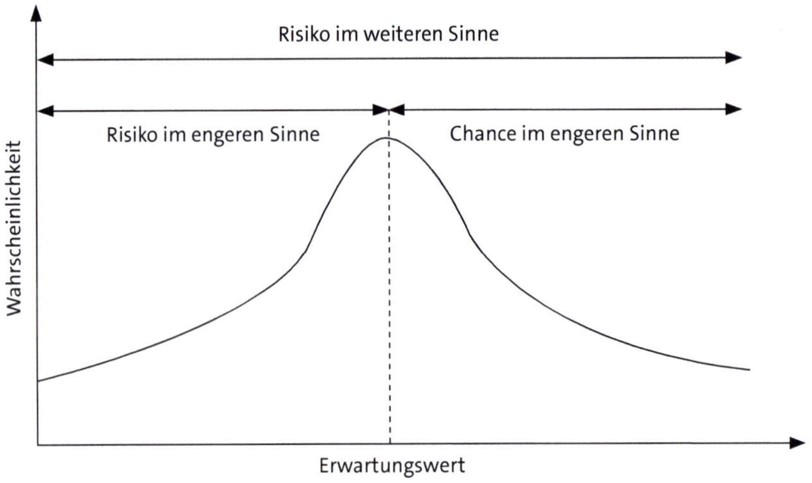

Tz. 7

Beide Definitionen haben gemeinsam, dass die angestrebte Zielerreichung vor dem Hintergrund der Ungewissheit über den möglichen Zielerreichungsgrad beurteilt wird.

MERKE

Ein Risiko ist die Möglichkeit einer positiven oder negativen Abweichung von einem geplanten Unternehmensziel, die durch ein Ereignis oder durch eine Entscheidung verursacht wird. Die positive Abweichung von dem Erwartungswert wird auch als „Chance" bezeichnet.

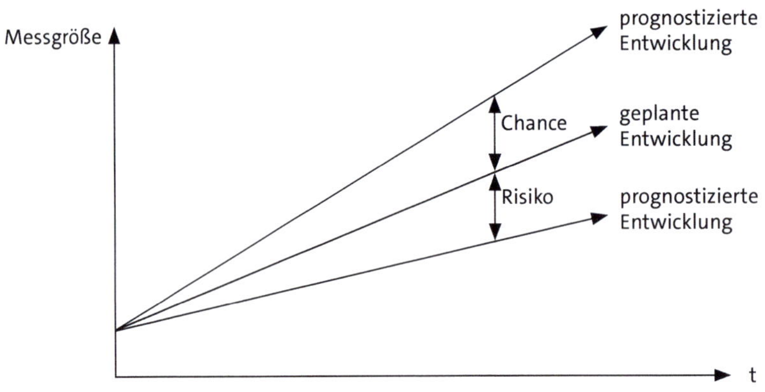

Die Höhe der Risiken ist abhängig von der Eintrittswahrscheinlichkeit und der möglichen Schadenshöhe.

MERKE

Risiko = Schadensausmaß · Eintrittswahrscheinlichkeit

Tz. 8

Mit einer Risikomatrix können Gefährdungen systematisch klassifiziert werden: Risikomatrix

ABB. 1: Risikomatrix

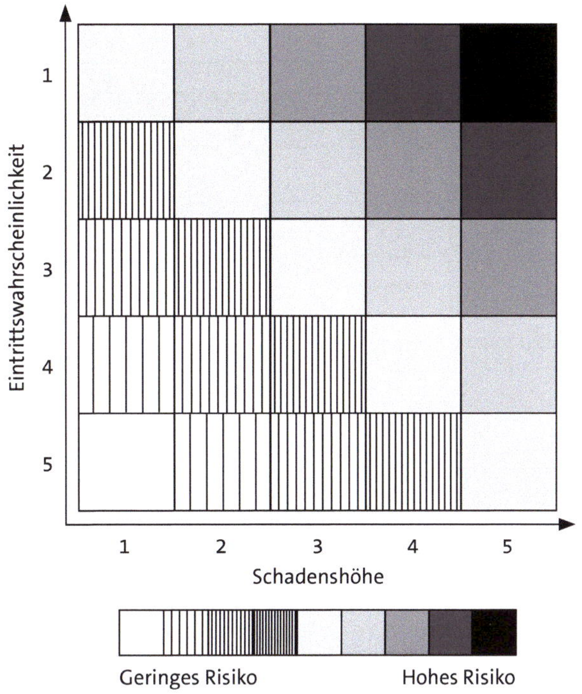

- **Geringes Risiko:** Kein Handlungsbedarf, keine Risikoreduzierung notwendig.
- **Mittleres Risiko:** Handlungsbedarf, Risikoreduzierung notwendig.
- **Hohes Risiko:** Akuter Handlungsbedarf, Risikoreduzierung zwingend notwendig.

Allerdings werden Risiken mit einer solchen Matrix nur isoliert betrachtet, mögliche Interdependenzen zwischen verschiedenen Risiken können nicht dargestellt werden. Tatsächlich können sich Risiken aber Interdependenzen

- gegenseitig aufheben (kompensatorischer Effekt) oder
- gegenseitig verstärken (kumulativer Effekt).

Eine Risikomatrix zeigt die unternehmerischen Risiken in Abhängigkeit von ihrer Eintrittswahrscheinlichkeit und der Schadenshöhe.

MERKE

Vgl. dazu auch Tz. 192 ff. (Risiko-Kontroll-Matrix).

HINWEIS

1.2 Möglichkeiten der Risikobegrenzung

Tz. 9

Zur Absicherung der Risiken, die grundsätzlich stufenweise erfolgt, steht dem Unternehmen ein Bündel von Maßnahmen zur Verfügung:

unterschiedliche Absicherung

ABB. 2: Risikobegrenzung

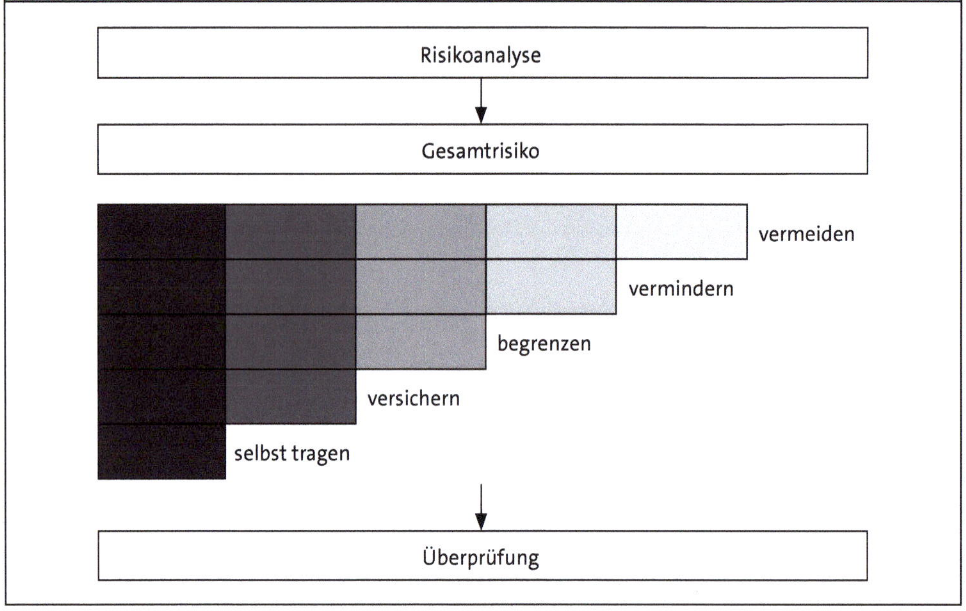

Tz. 10

- **Vermeidung:** Aktivitäten, die Risiken verursachen, sollen nicht durchgeführt werden. Das Risiko wird damit vollständig vermieden, allerdings besteht auch die Gefahr, dass dadurch Chancen nicht genutzt werden können.

BEISPIELE

Verzicht auf toxische Stoffe, keine Produktion im Ausland, keine minderwertigen Ersatzstoffe

Tz. 11

- **Verringerung:** Die Eintrittswahrscheinlichkeit eines Ereignisses soll geringer und dadurch das Risikopotenzial auf ein akzeptables Maß reduziert werden. Durch Risikodiversifikation können Risiken gegeneinander ausgeglichen werden.

BEISPIELE

Sorgfältige Lagerung von brennbaren Materialien, Berücksichtigung der Vorgaben der Berufsgenossenschaften, umfangreiche Wartung der Produktionsanlagen, Weiterbildung der Mitarbeiter, ausschließlich Verarbeitung von hochwertigen Materialien

Tz. 12

- **Begrenzung:** Die Höhe eines möglichen Schadens soll durch Festlegung definierter Obergrenze eingeschränkt werden.

BEISPIEL

Begrenzung des Zinsänderungsrisikos bei Darlehen mit variablem Zins durch Kauf eines Cap bzw. Floor

Tz. 13

- **Risikotransfer:** Das Schadensrisiko kann gegen Zahlung einer Prämie auf eine Versicherung abgewälzt werden. Der Risikoträger wechselt, das Risiko wird auf Dritte übertragen.

BEISPIELE

Produkthaftpflichtversicherung, Maschinenversicherung

Auch durch Vertragsgestaltung ist ein Risikotransfer möglich. Das Ausmaß ist dann von der Verhandlungsmacht der Beteiligten abhängig.

Tz. 14

- **Risikoübernahme:** Risiken können von Unternehmen bewusst selbst getragen werden. Die Gründe können darin liegen, dass eine Neutralisierung nicht gelingt oder dass Risiken eingegangen werden, um potenzielle Chancen wahrnehmen zu können.

1.3 Risikoarten

Die Risiken können nach verschiedenen Kriterien unterschieden werden:

verschiedene Einteilungen

Tz. 15

- Bei **symmetrischen** Risiken steht dem möglichen Verlust auch eine Chance gegenüber, bei **asymmetrischen** Risiken besteht keine Chance.

BEISPIELE

Die Risiken bei Schwankungen des Aktienkurses stellen ein symmetrisches Risiko dar, weil sich die Aktienkurse noch oben und unten verändern können. Das Risiko, dass eine Anlage durch Brand zerstört wird, ist asymmetrisch; aus dem Ereignis ergibt sich keine Chance.

Tz. 16

- **Strategische** Risiken entstehen durch langfristige Entscheidungen der Unternehmensleitung, **operative** Risiken betreffen kurzfristig Teile des betrieblichen Prozesses der Leistungserstellung.

BEISPIELE

Ein Produktionsausfall durch eine defekte Maschine stellt ein operatives Risiko dar. Die Errichtung eines Werkes im Ausland beinhaltet dagegen ein strategisches Risiko.

Tz. 17

- Während bei **quantifizierbaren** Risiken das Ausmaß des möglichen Schadens bewertet werden kann, können die Auswirkungen von **nicht-quantifizierbaren** Risiken nicht direkt gemessen werden.

Tz. 18

- **Externe** Risiken ergeben sich aus unvorhergesehenen unternehmerischen Rahmenbedingungen (z. B. durch Umwelteinflüsse), **interne** Risiken ergeben sich aus dem leistungswirtschaftlichen oder finanzwirtschaftlichen Prozess im Unternehmen selbst.

BEISPIELE

Marktentwicklungen, Gesetzesänderungen und Naturkatastrophen stellen externe Risiken dar. Produktions- und Absatzrisiken sind interne Risiken.

Exkurs

Tz. 19

SWOT-Analyse

Interne und externe Stärken und Schwächen fließen in die SWOT-Analyse ein. Sie untersucht, ob sich die spezifischen Stärken und Schwächen des Unternehmens so in der Unternehmensstrategie wiederfinden, dass angemessen auf Veränderungen der Unternehmensumwelt reagiert werden kann. Die SWOT-Analyse ist ein weit verbreitetes Instrument der Situationsanalyse, das sowohl zur strategischen Unternehmensplanung als auch in einzelnen Unternehmensbereichen eingesetzt werden kann.

Interne Einflussfaktoren		Externe Einflussfaktoren	
S	W	O	T
Strength	Weakness	Opportunities	Threats
Stärke Stabilität	Schwäche	Gelegenheiten Chancen	Bedrohungen Gefahr

- Als **interne Einflussfaktoren** werden die Fähigkeiten und Ressourcen verstanden, über die das Unternehmen verfügen kann. Anhand der entscheidenden Erfolgsfaktoren werden sie auf ihre Relevanz hin überprüft. Diese Faktoren sind von internen Entscheidungen abhängig und deshalb beeinflussbar.
- Auf **externe Einflussfaktoren** hat das Unternehmen dagegen keinen direkten Einfluss. Sie ergeben sich aus den Trends und Veränderungen der unternehmerischen Umgebung.

Als Chancen dürfen dabei nur die Faktoren Berücksichtigung finden, die aufgrund der vorhandenen oder strategischen Ressourcen auch tatsächlich genutzt und zudem in die Unternehmenspolitik integriert werden können. Risiken stellen dagegen die Bereiche dar, in denen das Unternehmen nicht gut aufgestellt erscheint und in denen deshalb Maßnahmen zur Gegensteuerung ergriffen werden müssen.

Die SWOT-Analyse kann nicht darstellen, welche Maßnahmen gegebenenfalls zu ergreifen sind, sondern es lassen sich lediglich Hinweise ablesen, ob und an welchen Stellen präventive Reaktionen erforderlich sind.

Tz. 20

- Nach der Art der Schädigung wird zwischen **Personenrisiken** und **Sachrisiken** unterschieden.

BEISPIELE

Ein Forderungsausfall oder ein Maschinenschaden sind Sachrisiken. Die Gefahr eines Unfalls stellt ein Personenrisiko dar.

Tz. 21

- **Leistungswirtschaftliche** Risiken ergeben sich aus dem Prozess der betrieblichen Leistungserstellung und bei der Verwertung auf den Märkten.

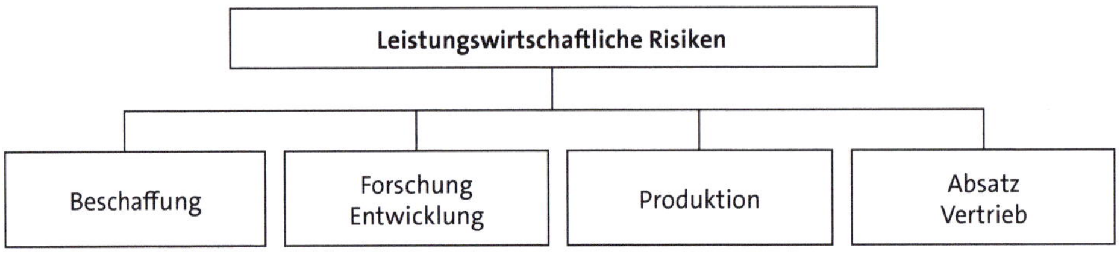

BEISPIELE

Das Beschaffungsrisiko und die Abhängigkeit von Kunden stellen leistungswirtschaftliche Risiken dar.

Tz. 22

- **Finanzwirtschaftliche** Risiken betreffen die Liquiditäts- bzw. die Kapitalbeschaffung, deren Risiko in der Unsicherheit zukünftiger Zahlungsströme besteht.

  - Das **Marktpreisrisiko** bezieht sich auf die mögliche negative Entwicklung der Marktpreise für die Produkte bzw. Dienstleistungen des Unternehmens.
  - Das **Liquiditätsrisiko** ergibt sich aus dem Finanzierungsspielraum des Unternehmens.
  - Die Unsicherheit über die Zahlungsmoral, -fähigkeit und -möglichkeit der Kunden drückt sich im **Schuldnerbonitätsrisiko** aus.

BEISPIELE

Finanzwirtschaftliche Risiken bestehen z. B. durch Wechselkursschwankungen und durch Forderungsausfälle.

Tz. 23

- **Risiken aus der Unternehmensführung:** Organisation, Führungsstil, Unternehmenskultur.

Tz. 24

- **Ökologische Risiken** wie Unwetter, Überschwemmungen und Zerstörungen durch Blitzschlag können die Produktion direkt beeinflussen und insbesondere auf die Lieferketten einwirken.

Tz. 25

Die nachfolgende Tabelle fasst die möglichen Kriterien zur Risikobeschreibung zusammen:

Risikoarten		
Kriterium		
Zielabweichung	symmetrisch	asymmetrisch
Entscheidungsebene	strategisch	operativ
Gefahr	Fehlentscheidung	Misserfolg
Kalkulierbarkeit	quantifizierbar	nicht quantifizierbar
Versicherbarkeit	versicherbar	nicht versicherbar
Risikoquelle	extern	intern
Geschädigte	Sachen	Personen

Um die Bedeutung der Einzelrisiken erkennen zu können, dürfen sie nicht isoliert betrachtet werden, sondern müssen – entsprechend ihrer relativen Bedeutung auf die Unternehmensentwicklung – gewichtet und zusammengefasst werden.

HINWEIS

Risikoarten lassen sich in handlungsorientierte Zusammenhänge, die in der Prüfung thematisiert werden sollen, leicht integrieren. Deshalb sollten die Kategorien bekannt sein.

1.3.1 Identifikation von Risiken

Tz. 26

Methoden zur Ermittlung von Risiken

Verbleibende Risiken müssen frühzeitig erkannt und möglichst vollständig und strukturiert erfasst werden. Dazu stehen unterschiedliche Methoden zur Verfügung; ihre Auswahl richtet sich nach dem spezifischen Risikoprofil des Unternehmens.

Identifikation bekannter Risiken	Identifikation bisher unbekannter Risiken	
Kollektionsmethoden	Analytische Methoden	Kreativitätsmethoden
Beispiele		
Befragungen	Fehler-Möglichkeiten-Einfluss-Analyse	Brainstorming
Dokumentenanalyse	Morphologische Analysen	Brainwriting
Betriebsbesichtigungen	Fehlerbaumanalyse	Delphi-Methode
Marktbeobachtung	Ishikawa-Diagramm	Szenarionanalyse

1.3.1.1 Befragung

Tz. 27

vielfältig einsetzbar

Befragungen können mit einem Fragebogen oder mit einer Checkliste erfolgen. Mitarbeiter kennen im Allgemeinen die Risiken an ihrem Arbeitsplatz und können sehr oft auch Verbesserungsvorschläge machen.

Befragungen sind universell anwendbar, können aber nicht alle Risiken aufdecken.

1.3.1.2 Prüfung von Unterlagen und Dokumenten

Tz. 28

Das Studium von schriftlichen Aufzeichnungen kann Hinweise auf mögliche und vorhandene Risiken geben. Weil sich Schadensfälle auch auf das Ergebnis eines Unternehmens auswirken, lassen sich daraus ebenfalls Risikopotenziale erkennen.

1.3.1.3 Betriebsbesichtigungen

Tz. 29

persönliche Eindrücke

Persönliche Besuche ermöglichen eine unmittelbare Informationsbeschaffung, die eine Schadens- und Risikopotenzialprognose ermöglichen.

1.3.1.4 Fehler-Möglichkeiten-Einfluss-Analyse

Tz. 30

präventive Analyse

Die Fehler-Möglichkeiten-Einfluss-Analyse (FMEA) folgt dem Grundgedanken der vorsorgenden Fehlervermeidung anstelle einer nachsorgenden Fehlererkennung und -korrektur durch frühzeitige Identifikation potenzieller Fehlerursachen. Auf diese Weise werden ansonsten anfallende Kontroll- und Fehlerfolgekosten in der Produktionsphase oder beim Kunden vermieden. Aus der Wahrscheinlichkeit des Auftretens eines Fehlers (A), der Bedeutung der Folgen (B) und der Chance ihrer Entdeckung (E) wird eine Risikoprioritätszahl (RPZ) ermittelt, mit deren Hilfe auf einer Skala die Bedeutung eines Problems festgestellt werden kann:

$$RPZ = A \cdot B \cdot E$$

Die Fehler-Möglichkeiten-Einfluss-Analyse ist universell auf alle Prozesse anwendbar und wird in vielen Branchen eingesetzt.

1.3.1.5 Morphologische Analyse

Tz. 31

Variationen

Mit einem „Morphologischer Kasten" („Zwicky-Box") können auch komplexe Problembereiche vollständig erfasst und alle möglichen Lösungen vorurteilslos analysiert werden.

Diese Methode kommt zum Einsatz, wenn ein Risiko schon recht gut durchdacht ist und nur noch Details der Lösung festgelegt werden müssen. Dazu wird das Problem in abgegrenzte Teilaspekte geteilt und durch die systematische Variation möglicher Merkmalsausprägungen wird das Lösungsoptimum ermittelt. Die Schwachstellen anderer Lösungen können leicht erkannt und gegebenenfalls beseitigt werden.

1.3.1.6 Ishikawa-Diagramm

Tz. 32

Erkennen verschiedener Ursachen

Das Ishikawa-Diagramm – auch „Ursache-Wirkungs-Diagramm" oder „Fischgrät-Diagramm" genannt – ermöglicht eine strukturierte Vorgehensweise zur systematischen Analyse der Ursachen eines Risikos. Dabei wird die Grobstruktur eines Flussdiagramms in Form eines Fischgrätmusters gezeichnet. Das Problem wird am „Kopfende" benannt und die vier Hauptarme werden mit den Begriffen „Mensch", „Maschine", „Methode" und „Material" beschriftet. Anschließend werden diesen Kategorien mögliche Problemursachen zugeordnet. Durch diese Form der Vorstrukturierung wird deutlich, dass ein Risiko mehrere verschiedene Ursachen haben kann und die Lösung dann alle Einflussfaktoren berücksichtigen muss.

ABB. 3: Ishikawa-Diagramm

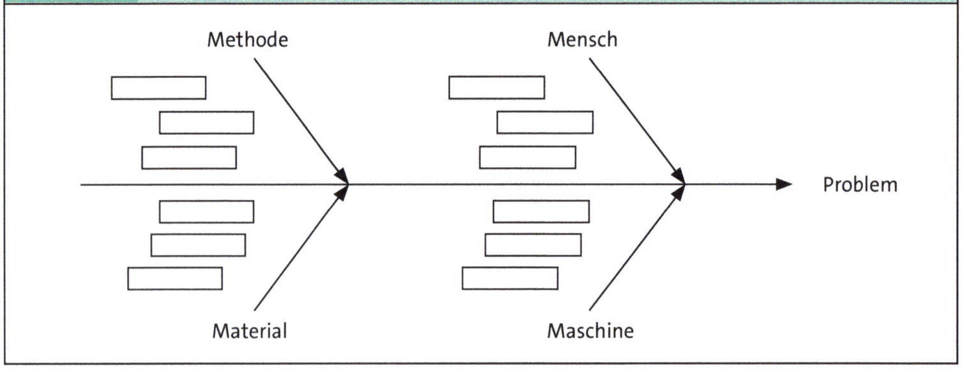

1.3.1.7 Fehlerbaumanalyse

Tz. 33

kritische Pfade

Mit der Fehlerbaumanalyse kann festgestellt werden, welches Verhalten eines Produktes oder Prozesses ein Risiko darstellt. Man geht also von einem bestimmten möglichen Fehler aus (z. B. „WLAN funktioniert nicht"), sucht „rückwärts" nach den kritischen Pfaden, die Ursache dafür sein können, und verfolgt, welche Konsequenzen daraus entstehen. Die Ereignisse werden unter Berücksichtigung der Eintrittswahrscheinlichkeiten logisch miteinander verknüpft. Bei konsequenter Durchführung werden alle Kombinationsmöglichkeiten erkennbar, die zu einem Risiko werden können.

ABB. 4: Fehlerbaumanalyse

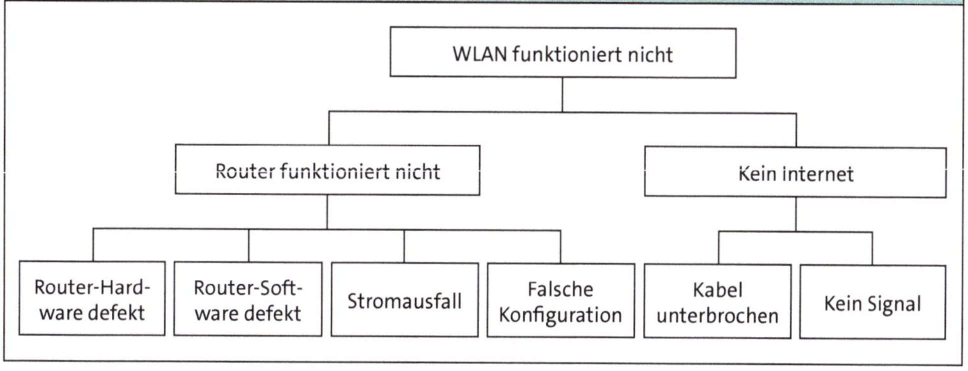

1.3.1.8 Brainstorming

Tz. 34

freie Assoziation

Ideen, Anregungen und Lösungsvorschläge zur Vermeidung oder Beseitigung von Risiken werden in freier Assoziation ohne Diskussion, Erläuterungen oder Kommentierungen in einer Gruppe gesammelt. Die Teilnehmer bringen ihr Wissen ein, das Ergebnis wird aber stets durch die Gruppe erarbeitet.

Der wesentliche Vorteil des Brainstormings liegt in der schnellen Ideenfindung, weil keine größeren Vorbereitungen erforderlich sind. Durch das Brainstorming werden aber noch keine fertigen Lösungen entwickelt. Erst nach dem eigentlichen Prozess der Ideenfindung werden die Beiträge ausgewertet und auf ihre Verwertbarkeit für die Risikominimierung hin geprüft.

1.3.1.9 Brainwriting

Tz. 35

Beim Brainwriting handelt es sich um eine Abwandlung des Brainstormings. Der wesentliche Unterschied besteht darin, dass die Ideen ohne Zeitdruck gesammelt und schriftlich festgehalten werden.

1.3.1.10 Delphi-Methode

Tz. 36

Expertenbefragung

Bei dieser Schätzmethode wird aus vielen einzelnen Urteilen zur zukünftigen Entwicklung der Risiken eine Gesamtprognose entwickelt. Dazu werden Experten anonym in mehreren Befragungsrunden gebeten, Einschätzungen abzugeben. Ab der zweiten Runde kennen sie die Urteile der anderen Teilnehmer, dadurch soll eine einheitliche Einschätzung erreicht werden.

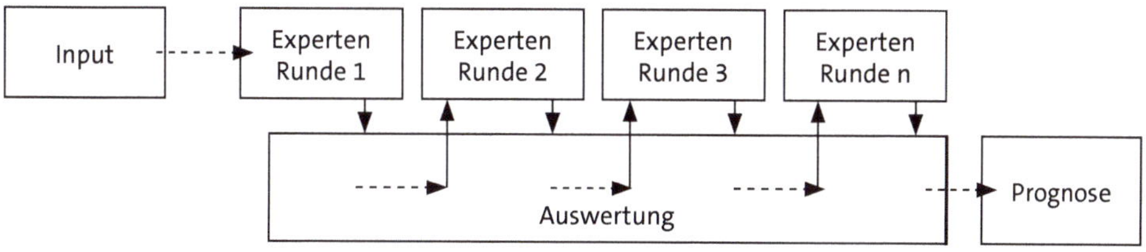

1.3.1.11 Szenarioanalyse

Tz. 37

Vergangenheitsdaten

Mit einer Szenarioanalyse werden aus einer großen repräsentativen Zahl von Vergangenheitsdaten durch Prognosen mögliche zukünftige Entwicklungen bestimmt. Sie simuliert potenziell mögliche Zukunftssituationen. Daraus können Konsequenzen für die unternehmerischen Entscheidungen abgeleitet werden.

Ausgehend von einem Ist-Zustand können die möglichen Entwicklungen mit einem Szenario-Trichter dargestellt werden:

ABB. 5: Szenario-Trichter

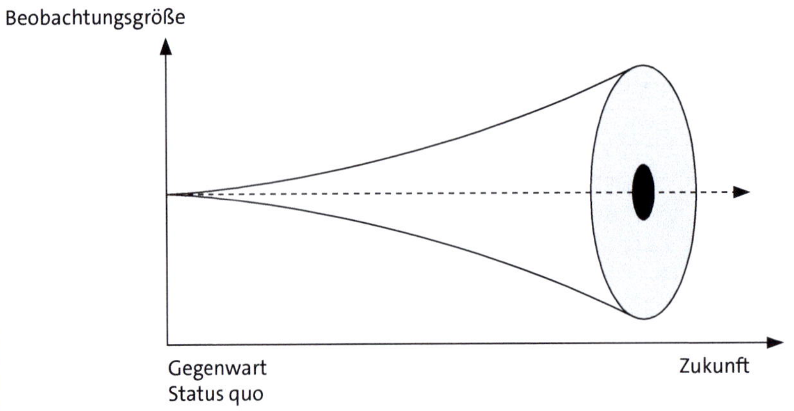

HINWEIS

Die Methoden zur Identifikation von Risiken müssen nicht im Detail beschrieben werden können. Es genügt, wenn ihre wesentlichen Eigenschaften skizziert werden können.

Tz. 38

Mithilfe dieser Methoden werden die Einzelrisiken möglichst vollständig erfasst und Risikokategorien zugeordnet, die aus dem internen Steuerungsmodell abgeleitet werden. Die nachfolgende Tabelle zeigt Beispiele:

Risikokategorie	**Beispiele**
Politische Risiken	Feuerpolizeiliche Auflagen Ausfuhrbeschränkungen
Allgemeine wirtschaftliche Risiken	Abschwächung der Konjunktur Erhöhung des Zinsniveaus
Marktrisiken	Neue Wettbewerber Veränderung der Kundenwünsche
Produktionsrisiken	Ausfall von Maschinen Engpass bei Zulieferern
Finanzierungsrisiken	Wechselkursveränderungen Restriktivere Darlehensvergabe
Umweltrisiken	Entsorgung von Sondermüll Verbot bestimmter Einsatzstoffe

1.3.2 Frühwarnsysteme

Tz. 39

Identifikation verdeckter Risiken

Frühwarnsysteme optimieren die Steuerbarkeit eines Unternehmens, weil rechtzeitige und umfassende Reaktion helfen, Gefahren abzuwenden oder Folgeerscheinungen zu mildern und damit das Erfolgspotenzial eines Unternehmens zu erhalten.

Frühwarnindikatoren sollen auf bereits vorhandene, aber noch verdeckte Gefahren hinweisen. Je eher Risiken identifiziert werden, desto wirkungsvoller können notwendige Gegenmaßnahmen ergriffen werden, weil ausreichend Zeit bleibt, Strategien zur Abwendung des Risikos bzw. zur Reduzierung der Risikoauswirkung einzuleiten. Unterschieden werden dabei Umfeldindikatoren und Unternehmensindikatoren:

Umfeldindikatoren	Unternehmensindikatoren
Konjunktur	Produktivität
Wirtschaftswachstum	Rentabilität
Preisentwicklung	Umsatz
Lohnentwicklung	Cashflow
Investitionsklima	Liquidität
Konsumklima	Betriebsklima

1.3.3 Bewertung von Risiken

Tz. 40

Die Bedeutung von Risiken in einem Unternehmen hängt davon ab, wie hoch die Eintrittswahrscheinlichkeit ist und welches Ausmaß der verursachte Schaden erreichen kann. Zur Kategorisierung können tabellarische Übersichten mit Relevanzklassen dienen, z. B.:

Eintrittswahrscheinlichkeit		
1	häufig	innerhalb eines Jahres
2	möglich	innerhalb von drei Jahren
3	selten	innerhalb von acht Jahren
4	unwahrscheinlich	kann nicht ausgeschlossen werden

Ausmaß des Schadens		
1	Katastrophe	Existenzgefährdung
2	hohes Risiko	Strategie muss kurzfristig geändert werden
3	mittleres Risiko	Strategie muss mittelfristig geändert werden
4	sehr gering	keine wesentlichen Maßnahmen erforderlich

Erwartungswert

Der Erwartungswert für ein Risiko ergibt sich aus der Multiplikation der Eintrittswahrscheinlichkeit mit der Höhe des möglichen Schadens. Das rechnerische Ergebnis ist ein Mittelwert, gegen den die tatsächlichen Ergebnisse bei einer großen Zahl von Fällen konvergieren.

Tz. 41

Zur Bewertung stehen der „Top-down"- oder der „Bottom-up"-Ansatz zur Verfügung, wobei aber auch Kombinationen möglich sind.

- Bei der **Top-down**-Methode stehen die Wirkungen der Risiken auf Erträge, Aufwand und letztlich das Ergebnis der Gewinn- und Verlustrechnung im Mittelpunkt der Betrachtungen. Sie ermöglicht eine schnelle Erfassung der strategischen Risiken.
- Die **Bottom-up**-Methode setzt bei den Risikoursachen an, verfolgt die Wirkungsketten und analysiert auf diese Weise mögliche Folgen für das Gesamtunternehmen.

1.3.4 Aggregation der Risiken

Tz. 42

Risikotragfähigkeit

Die Kumulation von Einzelrisiken kann für ein Unternehmen existenzgefährdend sein, weil sie in ihrer Gesamtheit die Risikotragfähigkeit eines Unternehmens belasten. Deshalb muss neben den Einzelrisiken zusätzlich immer auch das aggregierte Gesamtrisiko des Unternehmens ermittelt werden.

MERKE

Die Summe der Einzelrisiken entspricht i. d. R. nicht dem gesamten Unternehmensrisiko.

Erst die Beurteilung des gesamten Risikoumfangs ermöglicht die Einschätzung, ob das Unternehmen die ermittelten Risiken tatsächlich dauerhaft tragen kann oder ob der Fortbestand des Unternehmens gefährdet ist.

Tz. 43

Dazu können die Risiken jedoch nicht einfach addiert werden:

- Das Gesamtrisiko würde dadurch massiv überschätzt, weil bei einer einfachen Addition das gemeinsame und gleichzeitige Eintreten aller Folgen von Risiken unterstellt wird. Tatsächlich treten aber nicht alle Risiken gleichzeitig auf.
- Einzelne Risiken können eine direkte – positive oder negative – Auswirkung auf andere Risiken haben. Von besonderer Bedeutung sind Einzelrisiken, die maßgeblich das Gesamtrisiko beeinflussen.
- Die Ermittlung der relativen Bedeutung einzelner Risiken bildet die Grundlage für gezielte Gegenmaßnahmen.

Bei der Aggregation werden solche Effekte berücksichtigt.

Tz. 44

Die Risikoaggregation schafft die Verbindung zwischen Risikomanagement, Controlling und Unternehmensführung, weil die Bestimmung des Gesamtrisikos notwendig ist für die Ermittlung des notwendigen risikobedingten Eigenkapitals. Das Eigenkapital und die Liquiditätsreserven sind das Risikodeckungspotenzial eines Unternehmens, weil sie sämtliche risikobedingten Verluste zu tragen haben.

Eigenkapital < gesamte Risiken	**Eigenkapital > gesamte Risiken**
zusätzliches Kapital erforderlich	Ausschüttungen möglich
Risiken abbauen	Neuinvestitionen möglich
Risiken auslagern	Risiken tragbar

Die komprimierte Zusammenfassung aller im Verlauf der Risikoanalyse identifizierten Einzelrisiken wird auch als Risikoinventar bezeichnet. Es ist u. a. erforderlich, um im Jahresabschluss die Risiken korrekt abbilden zu können.

1.4 Gründe für eine Risikobegrenzung

Tz. 45

externe Gründe

Externe Gründe für ein adäquates Risikomanagement:

- Die gesetzlichen Bestimmungen zu einem betrieblichen Risikomanagement müssen eingehalten werden.
- Globalisierung, Vernetzung und Deregulierungen der Märkte haben zu einer zunehmenden Intransparenz der Unternehmensumwelt beigetragen.
- Der Anteil der Fixkosten hat in vielen Unternehmen zugenommen, die Kostenremanenz lässt das Risiko von Fehlinvestitionen steigen.
- Die komplexen Leistungsprozesse erhöhen die technische Störanfälligkeit der Produktionsanlagen.
- Die Entwicklung der Informations- und Kommunikationstechnologien birgt die Gefahren des Datenmissbrauchs und verringert tendenziell die Daten- und Systemsicherheit.
- Ein wirksames Risikomanagement wirkt sich positiv auf das Unternehmensrating aus und senkt so die Finanzierungskosten.

Tz. 46

interne Gründe

Interne Gründe für ein adäquates Risikomanagement:

- Sicherung der Existenz des Unternehmens auch in Krisenzeiten,
- Verbesserung des Unternehmensratings,
- Verbesserung der Kreditkonditionen, Senkung der Fremdfinanzierungskosten,
- Erhöhung der Planungssicherheit,
- nachhaltige Steigerung des Unternehmenswertes,
- Erhöhung der Qualität der unternehmerischen Entscheidungen,
- Verbesserung der Funktionsfähigkeit der Geschäftsorganisation.

1.5 Internes Kontrollsystem und Risikomanagementsystem

Tz. 47

enge Verzahnung

Das interne Kontrollsystem (IKS) spielt als ein zentraler Bestandteil eines Risikomanagementsystems (RMS) für den planvollen Umgang mit Risiken eine entscheidende Rolle: Nur mit Gesamtlösungen kann das Topmanagement seinem Auftrag gerecht werden. Zwischen dem Risikomanagement, dem IKS und dem Controlling muss eine enge Verzahnung angestrebt werden. Während der Schwerpunkt des RMS auf der Definition der Strategie und Risikobereitschaft des Unternehmens liegt, erfolgt die Überwachung und Steuerung von Risiken durch das IKS. Eine Trennung der beiden Instrumente ist weder sinnvoll noch möglich. Sie werden deshalb gemeinsam betrachtet.

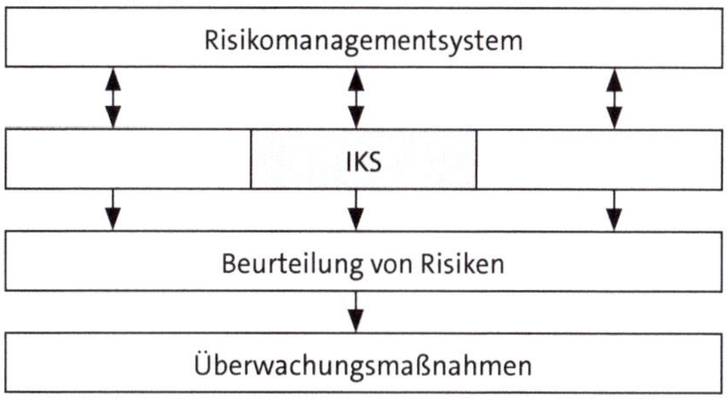

Tz. 48

permanenter Prozess

Risikomanagement muss als ein permanenter Prozess verstanden werden, der – wie für andere Managementbereiche auch – als Kreislauf dargestellt werden kann:

ABB. 6: Risikomanagement

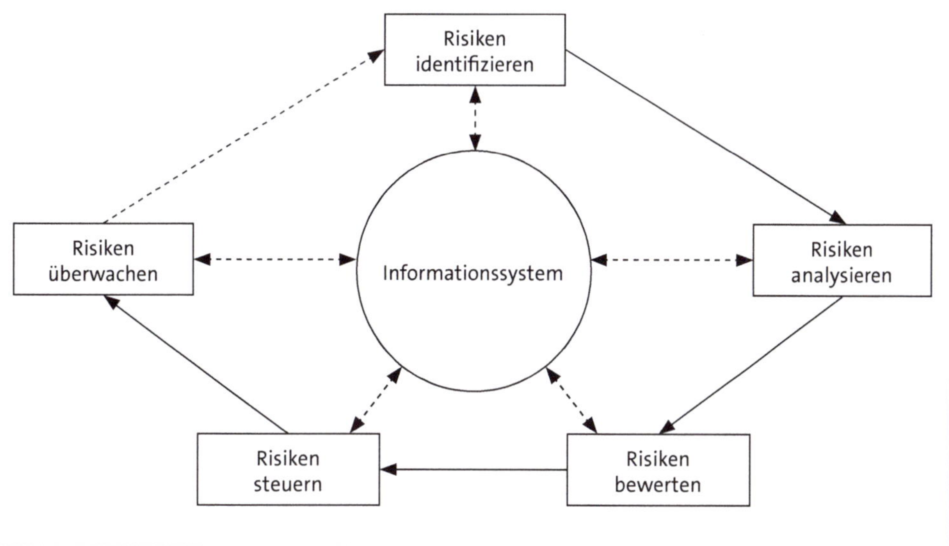

2. Interne Risikoquellen für das Unternehmen

Tz. 49

Das interne Risikomanagement muss alle Unternehmensbereiche berücksichtigen, die Risiken können sich im gesamten Leistungsprozess einstellen, sie resultieren aus

- den typischen Geschäftsrisiken in den Kernbereichen des Unternehmens wie Strategie, Organisation, Beschaffung, Absatz, Forschung, Entwicklung usw.;

BEISPIEL

Ein stationäres Handelsunternehmen hat sein Geschäftsmodell dem veränderten Verbraucherverhalten nicht angepasst. Der zunehmende Onlinehandel kann zu einer Existenzgefährdung führen.

- den finanziellen Gestaltungsspielräumen;
- der operativen Betriebsführung;

- dem Personalwesen;
- der Organisation (Aufbau- und Ablauforganisation);
- der Leitung des Unternehmens.

typische Risiken

Die nachfolgende Tabelle zeigt typische interne Risikobereiche mit Beispielen:

Beschaffungsrisiken	Ausfall von Lieferanten Preiserhöhungen Lager- und Bestandsrisiken
Produktionsrisiken	Fehlerhaftes Material Ausfall von Spezialisten Investitionsrisiko
Absatzrisiken	Qualität nicht ausreichend Stückzahl nicht verfügbar Konjunkturschwäche
Risiken des Anlagevermögens	Kostenremanenz Anlagenintensität Fixkostenbelastung
Personalrisiken	Fluktuation mit brain-drain Engpassrisiko Loyalitätsrisiko
Technische Risiken	Maschinenausfall Technologiewandel Produktionssteuerung
Finanzierungsrisiken	Zinserhöhungen Refinanzierungsrisiken Wechselkursrisiken
Zahlungsrisiken	Zahlungsunfähigkeit von Kunden Zahlungsunwilligkeit von Kunden Transfer- und Konvertierungsrisiko

HINWEIS

Es ist zu erwarten, dass in der Prüfung auf typische Risikobereiche Bezug genommen wird. Sie sollten deshalb (mit Beispielen) beschrieben werden können.

2.1 Rechtliche Risiken

Tz. 50

Die Rechtsrisiken betreffen alle Unternehmen unabhängig von ihrer Größe und der Branche. Sie können allerdings je nach der Art der Geschäftstätigkeit recht unterschiedlich sein.

2.1.1 Vertragsrisiken

Tz. 51

Jedes Unternehmen hat zahlreiche Verträge der unterschiedlichsten Art abgeschlossen. Die rechtlichen Risiken ergeben sich dabei, wenn ein Vertrag nicht die vorgesehenen Wirkungen erzielt, z. B.:

- Ein Vertrag kann, selbst wenn beide Vertragspartner zugestimmt haben, ungültig sein.
- Bei Abschluss eines Vertrags durch einen Stellvertreter können rechtliche Schwierigkeiten auftreten. Grundsätzlich ist dazu eine Vollmacht erforderlich.
- Schlecht gewählte Formulierungen können zu unterschiedlichen Interpretationen und daraus folgenden Rechtsstreitigkeiten führen.
- Wenn kritische Regelungen übersehen werden, kann ein Irrtum bei der Willenserklärung durch einen Vertragspartner vorliegen. Bei einem Rechtsstreit muss dann festgestellt werden, worauf die strittige Willenserklärung gerichtet war.

Ein systematisches Vorgehen zur Kontrolle und Überwachung von möglichen Vertragsrisiken muss fester Bestandteil eines IKS sein. Dazu ist eine eigene Rechtsabteilung oder professionelle externe Unterstützung notwendig.

2.1.2 Rechtsstreitigkeiten

Tz. 52

MERKE

Ein Rechtsstreit ist eine Auseinandersetzung in einer rechtlichen Angelegenheit zwischen zwei Personen oder Organisationen mit entgegenstehenden Interessen.

In einem gerichtlichen Verfahren wird die Angelegenheit überprüft und durch ein unabhängiges Gericht entschieden. Die Partei, die den Rechtsstreit verliert, muss sämtliche Anwalts- und Gerichtskosten übernehmen – auch die der Prozessgegner.

2.1.3 Strafen

Tz. 53

Durch vertragliche Vereinbarungen oder gerichtliche Entscheidungen kann die Verpflichtung zur Zahlung von Bußgeldern oder Geldstrafen entstehen (Konventionalstrafe).

2.1.4 Schadensersatz

Tz. 54

Ansprüche auf Ersatz eines Schadens können aufgrund von privatrechtlichen Verträgen oder gesetzlichen Regelungen bestehen.

LITERATUR

„Wer zum Schadensersatz verpflichtet ist, hat den Zustand herzustellen, der bestehen würde, wenn der zum Ersatz verpflichtende Umstand nicht eingetreten wäre." (§ 249 Abs. 1 BGB)

Kundenansprüche

Bei einer fehlerhaften Ware oder Leistung kann ein Kunde Ansprüche geltend machen aus

- **Gewährleistung:** Gesetzliche Haftung des Verkäufers.
- **Garantieleistungen:** Freiwillige Haftung des Herstellers oder Verkäufers.
- **Produkthaftung:** Verschuldensunabhängige gesetzliche Haftung des Herstellers für Schäden, die durch seine fehlerhafte Ware entstanden sind.

2.1.5 Unfälle

Tz. 55

Arbeitsunfälle stellen ein erhebliches Rechtsrisiko dar. Berufsgenossenschaften und Staatsanwaltschaft prüfen, ob aufseiten des Unternehmens die notwendigen Sicherheitsvorkehrungen getroffen worden sind. Durch die lückenlose Dokumentation aller Aktivitäten zum Schutz der Arbeitnehmer lässt sich das Risiko eines Schadensersatzes verringern.

2.1.6 Steuerrisiken

Tz. 56

Steuerrisiken entstehen, wenn steuerliche Gestaltungsmöglichkeit genutzt werden sollen. Es ist aufgrund der Komplexität des Steuerrechts jedoch schwierig, die verschiedenen steuerlichen Aspekte vollständig richtig zu beurteilen. Unternehmen sind daher gezwungen, ihre Steuerpolitik kurzfristig auszurichten. Weil der Gesetzgeber periodische Steuern sogar rückwirkend verändern kann, besteht die Gefahr, dass eine zu Jahresbeginn getroffene Steuerentscheidung durch die Entwicklung der Rechtslage nicht den erhofften Vorteil bringt.

HINWEIS

Neben diesen internen existieren weitere Rechtsrisiken, die durch die Unternehmen nicht zu beeinflussen sind, z. B.:

- gewaltsame Auseinandersetzungen,
- Behinderung des Warenverkehrs durch Zölle und nichttarifäre Einschränkungen,
- Einschränkung des Zahlungsverkehrs durch Konvertierungs-, Transfer- und Zahlungsverbote,
- Regelungen des Urheberrechtes,
- Beschränkung des Technologietransfers,
- Regelungen des Verwaltungs- und Verfahrensrechts,
- arbeits- und sozialrechtliche Bestimmungen.

Weil in der Prüfung nur das IKS thematisiert werden kann, können externe Risiken keine wesentliche Rolle spielen. Es ist aber sorgfältig zwischen externen und internen Risiken zu unterscheiden.

2.2 Wirtschaftliche Risiken

Tz. 57

Wirtschaftliche Risiken ergeben sich insbesondere aus der finanziellen Situation des Unternehmens und aus dem Vertriebsbereich.

2.2.1 Finanzielle Risiken

Tz. 58

Liquiditäts- und Finanzplanung

Finanzrisiken haben ihren Ursprung in einer nicht ausreichend vorausschauenden Liquiditäts- und Finanzplanung. Sie ist von entscheidender Bedeutung für die Entwicklung von Kredit- und Zinsrisiken aus dem laufenden Geschäftsbetrieb.

LITERATUR

Zu finanziellen Risiken vgl. ausführlich das Buch „5 vor Finanzmanagement".

2.2.2 Vertrieb und Marketing

Tz. 59

Vertriebsrisiken

Die Vertriebs- und Absatzrisiken können weiter untergliedert werden:

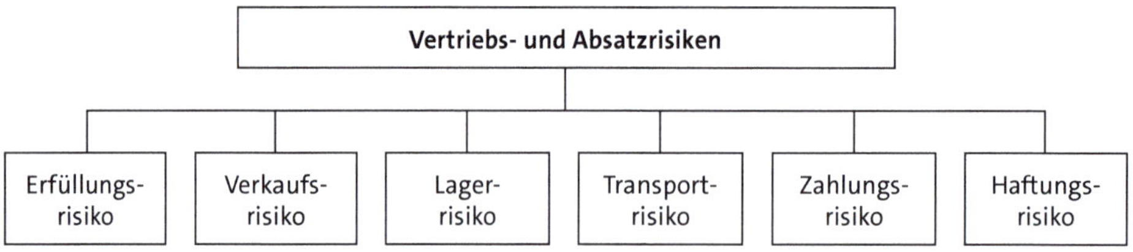

- **Erfüllungsrisiko:** Von Kunden nachgefragte Produkte können nicht oder nicht in der gewünschten Menge bereitgestellt werden.
- **Verkaufsrisiko:** Für bereits produzierte Produkte kann kein Käufer gefunden werden.
- **Lagerrisiko:** Bei einer Lagerung verderben Produkte, werden beschädigt oder gehen verloren.
- **Transportrisiko:** Bei der Lieferung an Kunden können Produkte beschädigt werden oder verloren gehen.
- **Zahlungsrisiko:** Die Kunden kommen ihren Zahlungsverpflichtungen nicht oder nicht vollständig nach.
- **Haftungsrisiko:** Auch nach Abnahme der Produkte durch den Kunden können Gewährleistungs-, Garantie-, Schadensersatz- und Verpflichtungen aus der Produkthaftung entstehen.

2.3 Personalrisiken

Tz. 60

Unter Risikoaspekten spielen die Mitarbeiter insofern eine besondere Rolle, als sie – anders als andere Produktionsfaktoren – selbst über ihren Verbleib im Unternehmen und über die Intensität entscheiden, mit der sie sich im Produktionsprozess engagieren. Der zunehmende Fachkräftemangel, die demografische Entwicklung und die Arbeitsbedingungen stellen zunehmend eine Herausforderung für viele Unternehmen dar.

Personalrisiken

Folgende Typen von Personalrisiken lassen sich identifizieren:

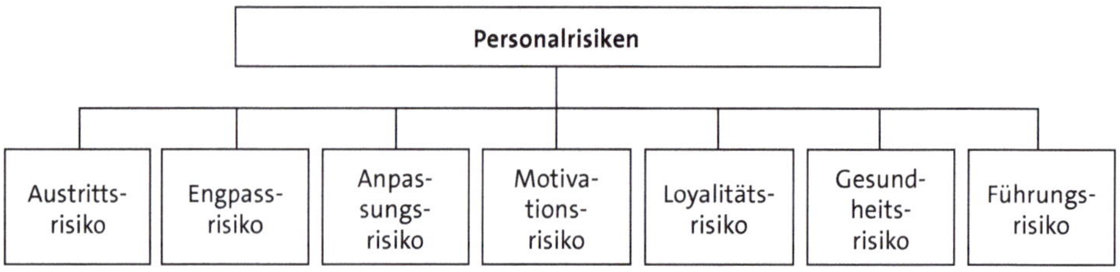

Tz. 61

► **Austrittsrisiko**

Auf eigene Initiative verlassen Mitarbeiter das Unternehmen, die gehalten werden sollen. Das ist vor allem bei Leistungsträgern kritisch. Folgen sind der Verlust von Know-how und der Aufwand für die Personalbeschaffung.

Tz. 62

► **Engpassrisiko**

Wenn offene Stellen nicht planmäßig besetzt werden können, entstehen Kapazitätsengpässe. Folgen sind Produktionsausfälle bzw. Mehrarbeit für andere Mitarbeiter.

Tz. 63

► **Anpassungsrisiko**

Wenn sich Mitarbeiter nicht ausreichend an Veränderungen im Unternehmen anpassen können, sinkt die Produktivität durch Defizite in der Qualifikationsstruktur.

Tz. 64

► **Motivationsrisiko**

Bei fehlender Motivation stellen die Mitarbeiter ihr Können und ihr Wissen nicht wie erwartet zur Verfügung, bei Übermotivation gefährden sie ihre Gesundheit. In beiden Fällen kommt es zu einer geringeren Leistung.

Tz. 65

► **Loyalitätsrisiko**

Mitarbeiter können ihrem Arbeitgeber durch Verletzung ihrer arbeitsvertraglichen Pflichten bewusst schaden.

Tz. 66

► **Gesundheitsrisiko**

Durch psychische oder physische Überforderungen sind Mitarbeiter nur eingeschränkt leistungsfähig.

Tz. 67

► **Führungsrisiko**

Aufgrund von Führungsdefiziten bei Vorgesetzten kann das Unternehmen nicht zielgerichtet und erfolgreich geleitet werden.

HINWEIS

Vgl. dazu auch Tz. 76 ff. (Fraud-Risiken).

2.4 Prozessrisiken

Tz. 68

Risiken im Ablauf

Prozessrisiken ergeben sich durch Fehler in den Ablaufprozessen, die i. d. R. durch Organisationsmängel verursacht sind. Die Ablauforganisation ist dann unzweckmäßig gestaltet oder wird nicht angemessen umgesetzt. Als Folge entstehen Sicherheits-, Produktions- und Steuerungsrisiken.

MERKE

Prozessrisiken entstehen durch die mangelhafte Organisation bzw. Funktionsfähigkeit von Geschäftsprozessen.

Typische Prozessrisiken entstehen durch:

- lange Entscheidungswege mit langsamen Entscheidungen,
- unzureichende betriebswirtschaftliche und technische Kenntnisse,
- unklare Aufgabenstellungen,
- unvollständige und unklare Beschreibungen der Abläufe,
- unklare Verantwortlichkeiten,

- ungeeignetes Personal ohne notwendige Fachkenntnisse,
- unzulässige Nutzung der IT-Technik,
- unzureichende Kontrollen,
- sehr hohe Komplexität.

2.5 Datenrisiken

Tz. 69

Bei einem weltweiten Austausch von Daten zwischen vernetzten Speichern sind wirksame Zugriffsbeschränkungen notwendig, um einerseits die Daten vor Diebstahl und Manipulation zu schützen und gleichzeitig den Zugriff durch die Berechtigten zu sichern.

2.5.1 Datenverlust

Tz. 70

Aufgrund von zahlreichen unterschiedlichen Einzelfaktoren können Daten verloren gehen und stehen anschließend nicht mehr zur Verfügung.

MERKE

Daten sind verloren, wenn sie auf dem vorgesehenen Datenspeicher nicht mehr zur Verfügung stehen.

Gründe für einen Datenverlust können z. B. sein:

- Wegen eines technischen Defekts kann auf einen Rechner nicht mehr zugegriffen werden.
- Durch fehlerhafte Software oder fehlerhafte Konfiguration können – auch bei routinemäßigem Betrieb – Daten verloren gehen.
- Durch äußere Einwirkungen wie Brand, mechanische Beschädigungen oder Überspannung können Daten zerstört werden.
- Durch Bedienungsfehler können Daten versehentlich überschrieben oder gelöscht werden.
- Nach Diebstahl oder Sabotage stehen Daten nicht mehr zur Verfügung.

2.5.2 Datensicherung

Tz. 71

Sicherheitsmaßnahmen

Viele der Ursachen für Datenverluste lassen sich durch technisch-organisatorische Maßnahmen vermeiden. Das Risiko kann durch Redundanz von Datenträgern und Speichersystemen und durch den Einsatz von leistungsfähigen Backup-Systemen minimiert werden. Der Einsatz dieser technischen Mittel darf jedoch nicht zu einem falschen Gefühl der Sicherheit führen.

Deshalb sind eindeutige Sicherheitsrichtlinien, Firewalls, sichere Übertragungswege, Gerätesicherungen und Regelungen zur Nutzugseinschränkung unverzichtbar. Vor allem aber ist eine permanente und effektive Sensibilisierung der Mitarbeiter für diese – in vielen Fällen durchaus existenziellen – Probleme erforderlich.

Grundsätzlich stehen drei unterschiedliche Verfahren zur Datensicherung zur Verfügung:

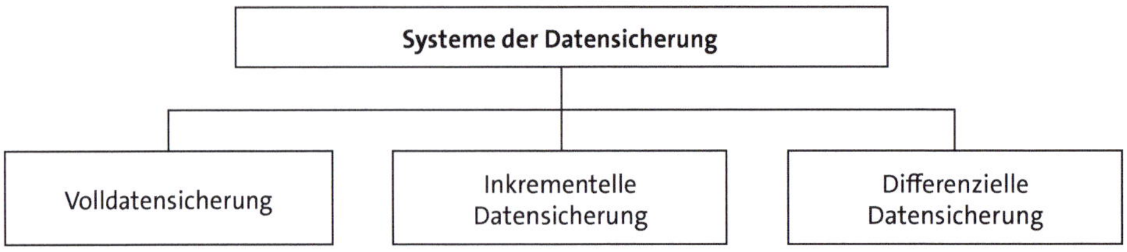

Tz. 72

Bei der **Volldatensicherung** werden alle zu sichernden Dateien auf einem Datenträger gespeichert. Die Daten stehen dann vollständig zur Verfügung, die Sicherung nimmt aber vergleichsweise viel Zeit in Anspruch und es wird viel Speicherplatz benötigt.

Tz. 73

Bei einer **inkrementellen Datensicherung** werden – nach einer Volldatensicherung – nur die Daten gesichert, die sich seit der letzten inkrementellen Sicherung verändert haben. Dafür wird deutlich weniger Zeit und auch weniger Speicherplatz benötigt.

Tz. 74

Bei einer **differenziellen Datensicherung** werden jeweils alle Daten gespeichert, die sich seit der letzten Volldatensicherung verändert haben.

Tz. 75

Selbstverständlich ist jede Datensicherung nur dann sinnvoll, wenn sie **regelmäßig** durchgeführt wird. Die Daten müssen an einem sicheren Ort aufbewahrt und regelmäßig auf Vollständigkeit, Wiederherstellbarkeit und Korrektheit überprüft werden. Zu jedem Zeitpunkt muss eine aktuelle Datensicherung verfügbar sein.

2.6 Fraud-Risiken

Tz. 76

gesetzwidrige Handlungen

Die Gefahr von gesetzwidrigen Handlungen wie Betrug, List, Täuschung und Unterschlagung wird zusammenfassend als Fraud-Risiko bezeichnet. Dadurch sollen – von Einzelpersonen oder Gruppen – rechtswidrig oder ungerechtfertigt Geld, Vermögensteile oder Dienstleistungen erlangt oder Vorteile gesichert werden. Dieses Verhalten wird als kriminell bezeichnet, sobald es strafrechtlich relevant ist.

- **Täuschungen** sind bewusst falsche Angaben oder Fälschungen und Manipulationen.
- **Unrichtigkeiten** ergeben sich aus unbeabsichtigt falschen Angaben. Sie entstehen z. B. durch Rechenfehler oder die falsche Einschätzung eines Sachverhalts.
- **Vermögensschäden** entstehen durch die widerrechtliche Aneignung von Vermögensteilen (z. B. Diebstahl) oder durch die Erhöhung von Verpflichtungen (z. B. durch Akzeptanz von Rechnungen ohne Gegenleistung).

Tz. 77

Durch **Fraud Prevention** soll die Wahrscheinlichkeit von solchen Fällen und die daraus resultierenden Folgeschäden minimiert werden.

BEISPIELE

Einführung ethischer Kodizes, interne Vorschriften, Präventivkontrollen, arbeitsorganisatorische Regelungen

Tz. 78

Aufklärung

Fraud Auditing soll dolose[1] Handlungen aufklären, um Unternehmenseinheiten, Geschäftsbereiche, Geschäftsvorfälle und Unternehmensprozesse mit besonderen Risiken zu erkennen. Die Wirksamkeit interner Kontrollen wird mithilfe von strukturierten Prüfungen gesichert.

Tz. 79

Identifizierung

Fraud Detection umfasst die Identifizierung von betrügerischen Handlungen im Unternehmen. Dazu werden mit dem sog. „Fraud Triangle" Indikatoren gebildet. Für dolose Handlungen müssen drei Bedingungen gleichzeitig erfüllt sein:

1. Es muss ein **Motiv** vorhanden sein. Meistens soll ein Nutzen erreicht werden, möglich ist aber auch ein Druck, die Tat zu begehen.
2. Der Täter muss **charakterlich** bereit sein, wissentlich und in betrügerischer Absicht die Tat zu begehen bzw. zu rechtfertigen. Durch äußeren Druck kann gegebenenfalls der vorhandene innere Widerstand überwunden werden.
3. Die **Möglichkeit** muss gegeben sein, überhaupt Fraud zu begehen. Sie wird befördert durch fehlende oder ineffektive Kontrollen oder die Möglichkeit, die Kontrollen zu überwinden.

1 Lat. dolosus = arglistig, trügerisch.

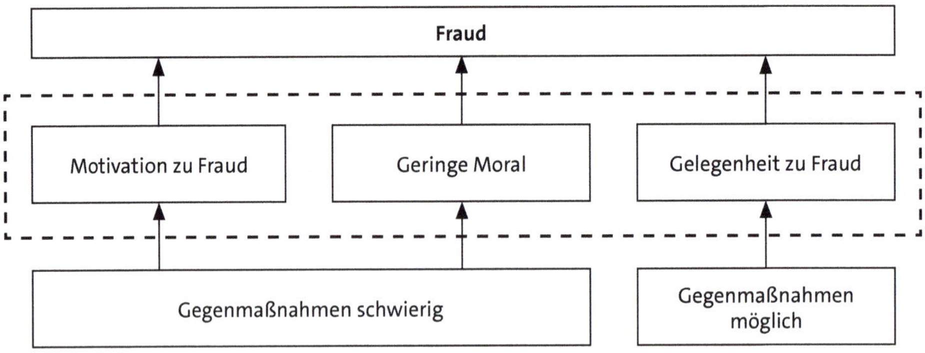

Ob die Bedingungen im Einzelfall gegeben sind, ist nicht direkt messbar; die Beurteilung der Fraud-Indikatoren erfolgt in fünf Schritten:

fünf Schritte

1. Ermittlung der relevanten Fraud-Risikofaktoren,
2. Identifikation möglicher Fraud-Delikte,
3. Zuordnung bestehender Kontrollen und Identifizierung von Kontrolllücken,
4. Test der Präventions- und Aufdeckungskontrollen,
5. Dokumentation der Fraud-Risiko-Beurteilung.

Tz. 80

Indikatoren

Die Zahl und die Qualität der Fraud-Indikatoren sind in den Unternehmen individuell festgelegt und daher sehr unterschiedlich, einige sind aber auch unternehmensübergreifend von Relevanz:

- Komplexe Organisation mit unklaren Entscheidungs- und Weisungssträngen;
- Unübersichtlichkeit von Einzelentscheidungen durch eine Vielzahl von Produkten, Kunden, Lieferanten usw.;
- Einzelne Geschäfte, die nicht routinemäßig bearbeitet werden;
- Große Bedeutung von Teilprozessen für die gesamte Produktion;
- Geringe soziale Kontrolle bei einer großen Zahl von Mitarbeitern;
- Abhängigkeit von einem oder wenigen Produkten;
- Einzelne Organisationseinheiten werden von einer oder wenigen Personen ohne wirksame Kontrolle geleitet;
- Mitarbeiter werden erfolgsabhängig entlohnt;
- Betriebliche Kennzahlen weichen ohne Erklärung wesentlich von den branchenüblichen ab;
- Die Funktionstrennung und die unabhängigen Kontrollen im Unternehmen sind unzureichend;
- Es fehlen wirksame Sicherungen im Bereich der elektronischen Datenverarbeitung;
- Dokumentationen fehlen oder sind unzureichend.

Tz. 81

Mit einem Anti-Fraud-Managementsystem werden die drei Aufgabenbereiche Fraud Auditing, Fraud Prevention und Fraud Detection zu einem einheitlichen System zur Vermeidung, zur Entdeckung und zur adäquaten Reaktion auf dolose Handlungen verbunden. Wegen der wechselseitigen Abhängigkeiten führt eine derartige integrierte Lösung zu einer höheren Wirksamkeit als bei additiven Einzelmaßnahmen.

Tz. 82

Ein wichtiger Baustein eines wirksamen Anti-Fraud-Managements ist die systematische Dokumentation der aufgedeckten Fälle. Aus den Erfahrungen ergeben sich auch Hinweise für die Optimierung von Kontrollen in anderen Bereichen.

Durch ein angemessenes IKS sollen die Ursachen von Fraud vermieden werden, bevor mit größerem Aufwand die entstandenen Schäden beseitigt werden müssen.

1.) Wie lässt sich allgemein ein „Risiko" beschreiben?
Ein Risiko (im engeren Sinne) ist die mögliche Abweichung von einer Zielgröße, die mit einer gewissen Wahrscheinlichkeit zu einem Nachteil führt (Tz. 5).

2.) Nennen Sie die möglichen Stufen der Risikobegrenzung.
Risiko vermeiden – vermindern – begrenzen – versichern – selbst tragen (Tz. 9 ff.).

3.) Unterscheiden Sie symmetrische und asymmetrische Risiken.
Symmetrischen Risiken steht auch eine Chance gegenüber, bei asymmetrischen Risiken dagegen nicht (Tz. 15).

4.) Unterscheiden Sie externe und interne Risiken.
Externe Risiken ergeben sich aus den Rahmenbedingungen (Umwelt). Interne Risiken haben ihre Ursache im Unternehmen selbst (Tz. 18).

5.) Wofür stehen die Buchstaben SWOT?

S	*Strength*	*Stärke, Stabilität*
W	*Weakness*	*Schwäche*
O	*Opportunities*	*Chancen, Gelegenheiten*
T	*Threats*	*Gefahr, Bedrohung*

(Tz. 19)

6.) Nennen Sie die drei wesentlichen Methoden zur Identifikation von Risiken.
Kollektionsmethoden – analytische Methoden – Kreativitätsmethoden (Tz. 26)

7.) Welche beiden Einflussgrößen sind entscheidend für die Bewertung von Risiken?
Eintrittswahrscheinlichkeit und Höhe des möglichen Schadens (Tz. 40)

8.) Welche Beziehung besteht zwischen Einzelrisiken und dem Unternehmensrisiko?
Die Summe der Einzelrisiken entspricht i. d. R. nicht dem gesamten Unternehmensrisiko. Durch gegenseitige Beeinflussung kann das Gesamtrisiko höher oder niedriger sein (Tz. 42 f.).

9.) Nennen Sie typische Risikobereiche in einem Unternehmen.
Zum Beispiel Beschaffungsrisiken, Produktionsrisiken, Absatzrisiken, Personalrisiken, Finanzierungsrisiken (Tz. 49)

10.) Welche Arten von rechtlichen Risiken können Sie aufzählen?
Vertragsrisiken, Risiken aus Rechtsstreitigkeiten, Strafen, Steuerrisiken, Risiken aus Schadensersatzforderungen und Unfällen (Tz. 50 ff.)

11.) Welche Arten von wirtschaftlichen Risiken können Sie aufzählen?
Finanzielle Risiken, Personalrisiken, Risiken aus Vertrieb und Marketing (Tz. 57 ff.)

12.) Welche Vertriebs- und Absatzrisiken können auftreten?
Erfüllungsrisiko, Verkaufsrisiko, Lagerrisiko, Transportrisiko, Zahlungsrisiko (Tz. 59)

13.) Welche Personalrisiken können Sie unterscheiden?
Austrittsrisiko, Engpassrisiko, Anpassungsrisiko, Motivationsrisiko, Loyalitätsrisiko, Gesundheitsrisiko, Führungsrisiko (Tz. 60 ff.)

14.) Welche Arten von Datensicherung sind Ihnen bekannt?
Vollsicherung, inkrementelle Sicherung, differenzielle Sicherung (Tz. 71 ff.)

15.) Welche Gefahren umfasst das sog. „Fraud-Risiko"?
Gesetzwidrige Handlungen wie Betrug, List, Täuschung und Unterschlagung (Tz. 76)

16.) Welche Bedingungen berücksichtigt das sog. „Fraud Triangle"?

- *Es muss ein Motiv vorhanden sein.*
- *Es muss eine charakterliche Bereitschaft bestehen.*
- *Es muss eine konkrete Gelegenheit geben.*

(Tz. 79)

III. Internes Kontrollsystem aufbauen

Tz. 83

Ein IKS dient der Überwachung der unternehmerischen Aktivitäten und ist damit ein zentraler Bestandteil einer effektiven Geschäftsführung. Die von der Unternehmensleitung vorgegebenen Grundsätze, Verfahren und Regelungen zur Steuerung und Überwachung der Aktivitäten des Unternehmens dienen

- der zuverlässigen Umsetzung der Managemententscheidungen,
- dem Vermögensschutz, besonders der Verhinderung von Vermögensschäden,
- der Ordnungsmäßigkeit des internen und externen Rechnungswesens,
- der Einhaltung gesetzlicher und anderer Vorschriften sowie
- der Steigerung des Unternehmenswerts.

Existenzgefährdende Entwicklungen innerhalb eines Unternehmens und aus seinem Umfeld sollen frühzeitig erkannt werden. Der Unternehmensleitung soll ermöglicht werden, bei erwarteten möglichen Schäden rechtzeitig Gegenmaßnahmen einzuleiten.

Weil an der Umsetzung zahlreiche betriebliche Funktionsbereiche beteiligt sind, ergeben sich umfangreiche Abstimmungsprozesse. Deshalb bietet sich an, die Einführung eines IKS in Projektform zu organisieren.

1. Ziele des internen Kontrollsystems

Tz. 84

Aufgaben

Ein IKS soll bekannte und auch bisher unbekannte Risiken identifizieren, um Prozesse zu sichern, den Informationsfluss zu verbessern und die Verantwortlichkeiten zu erkennen. Ein IKS soll die Zuverlässigkeit, Stabilität und Ordnungsmäßigkeit des gesamten betrieblichen Geschehens sicherstellen. Dazu gehören konkret:

- Die Erreichung geschäftspolitischer Ziele unterstützen;
- Die Zuverlässigkeit der Geschäftsprozesse sichern;
- Die Einhaltung von Gesetzen und Vorschriften sichern (Compliance);
- Das Unternehmensvermögen bewahren;
- Die Abwerbung von Wissensträgern verhindern;
- Fehler und Unregelmäßigkeiten verhindern, vermindern und aufdecken;
- Die Zuverlässigkeit und Vollständigkeit der Buchführung sicherstellen;
- Eine zuverlässige Berichterstattung sicherstellen;
- Datenverlust durch Störung oder Ausfall der Technik vermeiden.

Als Nebeneffekt ergibt sich durch die Identifizierung von Schwachstellen eine Optimierung der Prozessabläufe.

Tz. 85

konkrete Ausgestaltung

Wegen der Unterschiedlichkeit der Unternehmen kann es kein einheitliches Vorgehen beim Aufbau eines IKS geben, dazu existieren zu viele verschiedene interne und externe Einflussfaktoren. Die konkrete Ausgestaltung hängt ab von:

- der Größe des Unternehmens,
- der Komplexität der Prozesse,
- der Rechtsform,
- der Art der Geschäftstätigkeit,
- den rechtlichen Vorschriften, die zu beachten sind,
- dem praktizierten Informationsmanagement.

HINWEIS

Diese Einflussfaktoren müssen berücksichtigt werden, wenn sich Fragestellungen in der Prüfung auf einen konkreten Fall beziehen.

2. Bestandteile eines internen Kontrollsystems

Tz. 86

Bestandteile

Ein IKS besteht aus

- einem internen Steuerungssystem für die gesamten Unternehmensaktivitäten und
- einem Überwachungssystem, damit die Regeln zur Unternehmenssteuerung eingehalten werden.

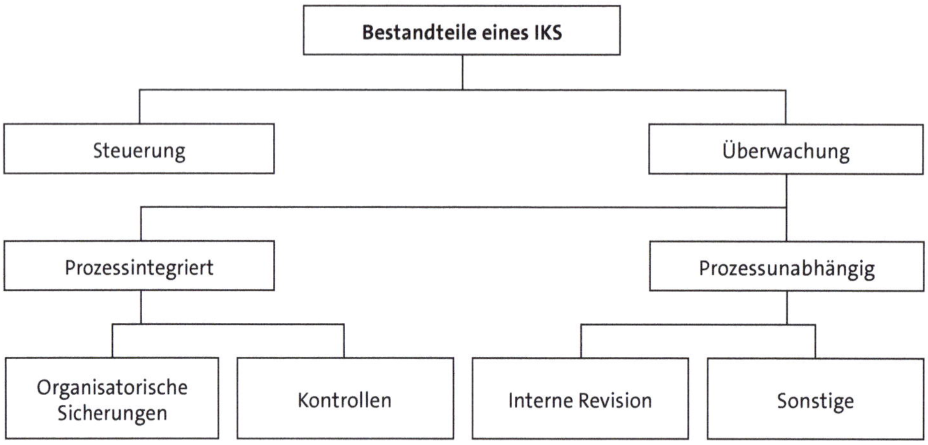

HINWEIS

- Die interne Kontrolle bezieht sich prozessbezogen auf die technischen Einrichtungen und die organisatorischen Regeln.
- Die interne Revision dient der permanenten prozessunabhängigen Überprüfung der Strukturen und Aktivitäten, um gegebenenfalls eine Anpassung an die externen Bedingungen anzuregen.
- Eine externe Revision kann zusätzliche Hinweise geben und Verbesserungsvorschläge machen.

Tz. 87

Um rechtzeitig existenzgefährdende Entwicklungen erkennen zu können, muss ein IKS die regelmäßige Identifikation, Analyse, Bewertung, Steuerung und Überwachung von Risiken ermöglichen. Alle wesentlichen Entwicklungen, die ein Potenzial zur Zielabweichung besitzen, sollen systematisch, vollständig und zeitnah ermittelt werden, um alle Risiken und Chancen einschließlich ihrer gegenseitigen Beeinflussungen erfassen zu können.

Risikoinventar

Für einen strukturierten Überblick wird ein Risikoinventar erstellt, das alle identifizierten Risiken enthält.

MERKE

Ein Risikoinventar ist die systematische Zusammenstellung der unternehmerischen Risiken. Seine Überprüfung wird als Risikoinventur bezeichnet.

BEISPIEL

Risikobereich		Art des Risikos	Ursprung des Risikos	maximales Verlust-potenzial	Priorität
allgemeine Risiken	gesetzliche Vorschriften	Auflagen zum Umweltschutz	extern	erheblich	hoch
	technische Änderungen				mittel
leistungswirtschaftliche Risiken	Beschaffung	Änderungen der Materialkosten			hoch
	Produktion				
	Absatzschwankungen				mittel
	Forschung und Entwicklung				
finanzwirtschaftliche Risiken	Liquidität				hoch
	Bonität der Kunden				
	Zinsschwankungen				niedrig

Tz. 88

Ableitung aus Unternehmenszielen

Die Aufgabe und Herausforderung besteht darin, die verschiedenen Risiken mit ihren unterschiedlichen Bedeutungen in einem Risikomanagement für das gesamte Unternehmen zusammenzuführen. Das wird nur gelingen, wenn es sich an den Unternehmenszielen orientiert. Die Ziele der Risikostrategie müssen daher aus den allgemeinen Unternehmenszielen abgeleitet werden und dürfen keinesfalls dazu im Widerspruch stehen.

2.1 Risikobewertung

Tz. 89

Anschließend werden die Risiken in mehreren Schritten bewertet:

1. Für die identifizierten Risiken werden die jeweiligen Einflussfaktoren ermittelt.
2. Die Eintrittswahrscheinlichkeit eines Schadens wird festgestellt.
3. Die Möglichkeit einer Wiederholung des Schadens wird abgeschätzt.
4. Die Abhängigkeiten zwischen verschiedenen Risiken werden geprüft.
5. Die Wirkung der Risiken auf die Unternehmensziele wird bestimmt.

Je nach Erkenntnisinteresse und Art der Risiken stehen unterschiedliche Instrumente zur Risikobewertung zur Verfügung.

2.2 Risikoaggregation

Tz. 90

Entscheidend sind i. d. R. nicht die Gefahren durch Einzelrisiken, sondern das Zusammentreffen von mehreren Risiken. Deshalb ist eine unternehmensweite Risikoaggregation durch die Unternehmensleitung erforderlich. Diese Zusammenfassung enthält alle Teilrisiken und auch ihre gegenseitigen Beeinflussungen (vgl. dazu Tz. 42 ff.). Dazu müssen die Mitarbeiter und konsequent auch die Geschäftspartner wie Lieferanten und Kunden einbezogen werden.

2.3 Risikosteuerung

Tz. 91

Durch geeignete Maßnahmen werden die identifizierten und bewerteten Risiken durch das Management aktiv beeinflusst. Steuerungsstrategien und Steuerungsmaßnahmen werden festgelegt. Dabei werden die Risikoneigung, die verbundenen Chancen und die gesamte Tragfähigkeit von Risiken durch das Unternehmen berücksichtigt. So soll sichergestellt werden, dass die tatsächliche Risikosituation mit der geplanten übereinstimmt.

2.4 Risikoüberwachung

Tz. 92

Kontrollinstanzen überprüfen, ob Risikostrategie und Risikogrundsätze eingehalten worden sind. Ziele sind die Vermeidung von Fehlern und die Ermittlung von Schwachstellen.

2.5 Organisation

Tz. 93

Die Einrichtung und die Umsetzung des IKS ist eine Führungsaufgabe. Die Entwicklung, Einführung, Kontrolle und die gegebenenfalls notwendigen Anpassungen werden von der Geschäftsleitung verantwortet.

Das Risikomanagement kann entweder in die Aufgaben bestehender Organisationseinheiten integriert oder einer eigenen Organisationseinheit übertragen werden.

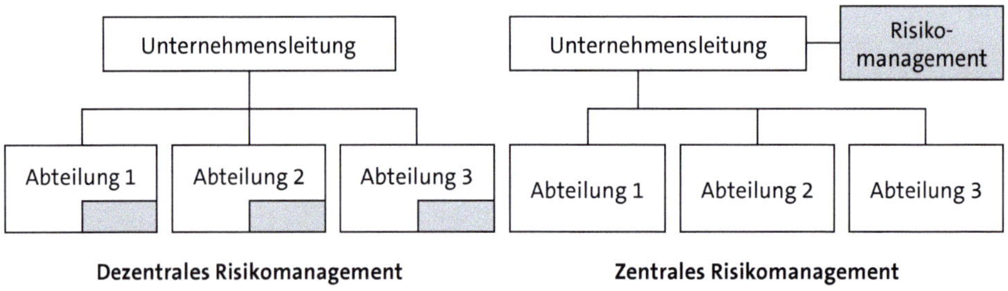

Tz. 94

Integrationskonzept

Bei einem **dezentralen Risikomanagement** (Integrationskonzept) ist das Risikomanagement in die bestehende Organisation eingegliedert. Die Leitung der Organisationseinheiten ist in ihrem Verantwortungsbereich für die Identifikation, Bewertung und Steuerung der Risiken verantwortlich. Zu ihren Aufgaben gehören:

- Analyse, Aufbereitung und Plausibilisierung der operativen Risiken,
- Identifikation von neuen Risiken,
- risikoorientierte Beurteilung von Entscheidungen auf operativen Ebene,
- Umsetzung und Gegenmaßnahmen,
- Evaluierung der Gegenmaßnahmen.

Vorteile	Nachteile
Vergleichsweise geringer Aufwand	Gefahr des Übersehens von Risiken
Risiken sind leichter identifizierbar	Bedeutung für das Gesamtunternehmen schwer erkennbar
Auswirkungen der Risiken sind leichter absehbar	Parallele Organisationsstrukturen erforderlich

Tz. 95

Separationskonzept

Bei einem **zentralen Risikomanagement** (Separationskonzept) werden alle Aufgaben des Risikomanagements auf eine einzige eigenständige und unabhängige Organisationseinheit übertragen. Dazu können z. B. installiert werden:

- ein Compliance-Management-System (CMS), das die Einhaltung der rechtlichen Vorschriften u.a. im Datenschutz, bei der Gestaltung der Arbeitsbedingungen und im Umweltschutz sichert;
- ein eignes IT-Risikomanagement, das sich mit Ausfällen und anderen Problemen der Informationstechnologie beschäftigt;
- ein Risk-Board, das sich zentral mit den Unternehmensrisiken beschäftigt.

Zu den Aufgaben des zentralen Risikomanagements gehören:

- Implementierung und Weiterentwicklung von Risikomanagementmethoden,
- Qualitätssicherung bei den angewandten Verfahren,
- Durchführung von Schulungen zur Identifikation und Bewertung von Risiken,
- Erstellung eines Risikoinventars,
- Durchführung der Risikoaggregation,
- zielgruppengerechte Aufbereitung von Risikoinformationen,
- Dokumentation.

Vorteile	Nachteile
Keine parallelen Organisationsstrukturen	Vergleichsweise höherer Aufwand
Einfluss und Führungskompetenz sind an einer Stelle gebündelt	Gefahr des Übersehens von Risiken durch Ausgrenzung der operativen Mitarbeiter
Risikoinventar besser erkennbar	Längere Kommunikations- und Entscheidungswege
Existenzgefährdende Risiken können frühzeitig erkannt werden	Einzelrisiken können leichter übersehen werden

Diese beiden Konzepte können auch zusammengeführt werden, indem unabhängige Risikomanagementeinheiten die Stellen in der Organisation unterstützen.

2.6 Interne Revision

Tz. 96

separates Kontrollorgan

Die Funktionstüchtigkeit des IKS wird durch eigene Mitarbeiter des Unternehmens geprüft und überwacht, weil von den direkt am Risikomanagement beteiligten Organisationseinheiten eine objektive Einschätzung nicht zu erwarten ist. Um verlässliche Ergebnisse zu erhalten, wird damit die Interne Revision beauftragt.

Sie ist ein separates Kontrollorgan im Unternehmen, das einerseits über die notwendige Nähe zu den Bereichen und Prozessen verfügt und andererseits als neutrale Instanz interne Prüfungs- und Beratungsleistungen zur Verfügung stellt.

2.7 Frühwarnsystem

Tz. 97

zukunftsbezogene Informationen

Die Analyse bestehender Risiken greift vielfach zu kurz, weil Rückschlüsse auf zukünftige Entwicklungen nicht möglich sind und Bedrohungen nicht erkannt werden können. Vorhandene, aber noch nicht erkannte Risiken sollen durch eine systematische Beschaffung von zukunftsbezogenen Informationen erfasst werden, um Probleme bereits vor ihrem Entstehen zu identifizieren und Gegenmaßnahmen einleiten zu können.

Frühwarnindikatoren sollen Aufschluss geben über mögliche zukünftige Entwicklungen, aus denen sich Konsequenzen für das Unternehmen ableiten lassen.

Tz. 98

Indikatoren für drohende Risiken können nur effektiv und effizient genutzt werden, wenn die Informationsmenge überschaubar und damit verständlich bleibt. Folgende verschiedene Arten von Indikatoren werden unterschieden:

- **Absolute Indikatoren** werden direkt aus den Unternehmens- oder Marktdaten entnommen.

Preise, Stückzahlen, Auftragseingange

- **Verhältnisindikatoren** setzen verschiedene Daten ins Verhältnis zueinander.

Ausschussquote, Reklamationsquote

- **Indexindikatoren** zeigen wirtschaftliche Veränderungen anhand von statistischen Messwerten.

Euribor oder der EZB-Leitzins, aus denen sich Auswirkungen auf die gesamte Volkswirtschaft und auf das Unternehmen ableiten lassen.

- **Benchmarkindikatoren** vergleichen die gesetzten Unternehmensziele mit den tatsächlich erreichten Ergebnissen.

Tz. 99

Bedingungen

Damit sich Indikatoren als Frühwarnindikatoren eignen, müssen sie

- eindeutig die Ursache einzelner Risiken beschreiben,
- kontinuierlich messbar und rechtzeitig verfügbar sowie
- ökonomisch sinnvoll mit einem angemessenem Kosten-Nutzen-Verhältnis sein.

Tz. 100

Frühwarnindikatoren können also nicht das gesamte Risikoumfeld eines Unternehmens abbilden. Für viele Risiken können keine geeigneten Frühwarnindikatoren existieren (z. B. Indikatoren für Naturkatastrophen), für andere kann ein angemessenes Kosten-Nutzen-Verhältnis nicht gewährleistet werden.

Für die ausgewählten Indikatoren werden Sollwerte und Toleranzbereiche definiert und in festgelegten Zeitabständen beobachtet und gemessen. Innerhalb dieser Bereiche ändert sich die

Bewertung der jeweiligen Risiken nicht, wenn aber die Toleranzbereiche über- bzw. unterschritten werden, haben sich die angezeigten Risiken verändert.

Tz. 101

Sobald die Indikatoren ein Risiko anzeigen, wird die Information zunächst an die entsprechenden Verantwortungsträger weitergeleitet, damit sie rechtzeitig adäquate Gegensteuerungsmaßnahmen einleiten und frühzeitig Entscheidungen treffen können. Die Auswertung muss dokumentiert und in die interne Risikoberichterstattung integriert werden.

3. Rechtliche Grundlagen

Tz. 102

Rechtsgrundlagen

Die Einrichtung eines IKS erfolgt nicht allein aufgrund betriebswirtschaftlicher Überlegungen der Unternehmensleitung, auch unterschiedliche gesetzliche Vorschriften verlangen die Einrichtung eines Überwachungs- und Kontrollsystems:

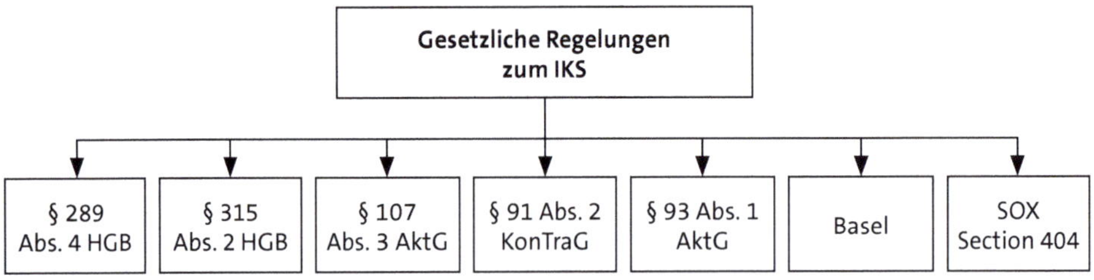

- § 289 Abs. 4 HGB verpflichtet kapitalmarktorientierte Unternehmen, die Merkmale eines IKS, die sich auf die Rechnungslegung beziehen, im Lagebericht darzustellen.
- Nach § 315 Abs. 2 HGB soll der Konzernlagebericht auf die Risikomanagementziele und -methoden sowie Preisänderungs-, Ausfall- und Liquiditätsrisiken und die Risiken aus Zahlungsstromschwankungen eingehen.
- § 107 Abs. 3 AktG verpflichtet den Aufsichtsrat, das IKS und RMS sowie die interne Revision zu überwachen.
- Nach § 91 Abs. 2 KonTraG ist der Vorstand bzw. die Geschäftsführung von Aktiengesellschaften, Kommanditgesellschaften auf Aktien und bestimmten Gesellschaften mit beschränkter Haftung verpflichtet, ein Überwachungs- und Kontrollsystem einzurichten. Aufsichtsräte und Vorstände können haften, wenn sie ihre Überwachungspflichten vernachlässigen oder keine zuverlässigen Kontrollmechanismen installieren.
- Obwohl das GmbHG analoge Regelungen nicht enthält, müssen für eine GmbH – je nach Größe und Komplexität – vergleichbare Anforderungen gelten.
- Nach § 93 Abs. 1 Satz 2 AktG müssen Vorstandsmitglieder bei einer unternehmerischen Entscheidung auf der Grundlage angemessener Information handeln. Ohne ein angemessenes Risikomanagement wird dieser Nachweis nur schwer zu führen sein.
- Mit der Umsetzung der Corporate Social Responsibility-Richtlinie der Europäischen Union (2014/95/EU) sind gem. § 289c HGB von bestimmten Unternehmen im Lagebericht auch die wesentlichen Risiken anzugeben, die mit den Geschäftsbeziehungen, den Produkten und Dienstleistungen verbunden sind und die sehr wahrscheinlich schwerwiegende negative Auswirkungen haben oder haben werden.
- Mit dem bankenaufsichtsrechtlichen Regelwerk Basel III (und ab 2023 Basel IV) bestehen für Banken und Versicherungen weitere Vorschriften, z. B. zur Ausstattung mit Eigenkapital und zu strengen Liquiditätsregeln. Sie verpflichten mittelbar zu einer Risikovorsorge, weil risikoabhängig Eigenkapital für die Kreditvergabe hinterlegt werden muss.
- Nach Section 404 des Sarbanes-Oxley Act (SOX) muss jeder Jahresbericht von Unternehmen, deren Wertpapiere an US-Börsen gehandelt werden, eine Beurteilung der Wirksamkeit des IKS für die Rechnungslegung enthalten.

Zur Ausgestaltung eines IKS machen diese Regelungen keine Vorgaben. Die spezifischen Verhältnisse in den Unternehmen sind so unterschiedlich, dass Anpassungen an die unternehmens- und branchenspezifischen Risiken möglich sein müssen. keine Vorgaben

Tz. 103

Andere Regelungen:

- Der **IDW PS 210** „Zur Aufdeckung von Unregelmäßigkeiten im Rahmen der Abschlussprüfung" verlangt, dass die Abschlussprüfung so durchzuführen ist, dass Verstöße gegen gesetzliche Vorschriften, die Satzung oder den Gesellschaftsvertrag erkannt werden. Der Abschlussprüfer muss dabei auch berücksichtigen, dass er absichtlich getäuscht werden könnte. Wenn Unregelmäßigkeiten bekannt sind oder vermutet werden, ist eine erweiterte Aufklärung erforderlich.
- Nach **IDW PS 261** „Feststellung und Beurteilung von Fehlerrisiken und Reaktionen des Abschlussprüfers auf die beurteilten Fehlerrisiken" muss sich der Abschlussprüfer auch einen Überblick über den Umgang des Managements mit Geschäftsrisiken verschaffen. Die Prüfung des IKS erstreckt sich allerdings nur auf die Rechnungslegung, den Fortbestand des Unternehmens und den Schutz des Vermögens.
- Die Risikobegrenzung für die Vergabe von Krediten durch Banken ist durch **Basel III** verbessert worden: Zur Verringerung der Kredit- und Marktrisiken sind die Kapitalanforderungen verschärft worden. Es gelten erhöhte Standards für den aufsichtsrechtlichen Prüfungsprozess und für die Offenlegung.
- **ISO 31000** ist eine – sehr allgemein gehaltene – internationale Norm zur vorbeugenden Risikoabwehr. Risikomanagement wird als Führungsaufgabe definiert und als Teil eines bestehenden Managementsystems verstanden. Konsequent soll der Top-down-Ansatz verfolgt werden.
- Die Mindestanforderungen an das Risikomanagement **(MaRisk)** beschreiben Verwaltungsanweisungen der Bundesanstalt für Finanzdienstleistungsaufsicht (BaFin). Sie dienen der Umsetzung der qualitativen Anforderungen von Basel II und Basel III an das Risikocontrolling von Banken.
- Die **Gemeindehaushaltsverordnungen** der Flächenländer und die **Korruptionsbekämpfungsgesetze** enthalten Forderungen nach einem IKS.
- Für den öffentlichen Sektor hat die Internationale Organisation der obersten Rechnungskontrollbehörden (INTOSAI) eigene **„Richtlinien für die internen Kontrollnormen im öffentlichen Sektor"** entwickelt.
- Die Control Objectives for Information and Related Technology **(COBIT)** sind ein internationaler Standard, der sich vor allem auf die Informationstechnologie und die Führungs- und Kontrollaufgaben bezieht.

3.1 TUG

Tz. 104

Mit dem Transparenzrichtlinie-Umsetzungsgesetz (TUG) von 2006 wird die europäische Richtlinie zur Harmonisierung der Transparenzanforderungen in Bezug auf Informationen über Emittenten, deren Wertpapiere zum Handel auf einem geregelten Markt zugelassen („kapitalmarktorientiert") sind, und zur Änderung der Richtlinie 2001/34/EG in nationales Recht umsetzt. In Deutschland ist damit die gesetzliche Pflicht zur Zwischenberichterstattung neu und umfassend geregelt worden. Die Vorschriften finden sich insbesondere im Wertpapierhandelsgesetz (WpHG). europäische Harmonisierung

In der Zwischenberichterstattung werden wichtige Ereignisse aus der Vergangenheit und ihre Auswirkung auf die Vermögens-, Finanz- und Ertragslage dargestellt.

Daneben sind wesentliche Chancen und Risiken zu prognostizieren und zu beschreiben. Wenn sich die Beurteilung der erwarteten Entwicklung mit ihren Chancen und Risiken wesentlich geändert hat, muss darüber berichtet werden.

3.2 BilMoG

Tz. 105

Neben der Deregulierung und Kostensenkung für kleine und mittlere Unternehmen und der Umsetzung europarechtlicher Vorgaben enthält das Bilanzrechtsmodernisierungsgesetz (BilMoG) aus dem Jahre 2009 Verbesserungen zur Aussagekraft des handelsrechtlichen Jahresabschlusses.

Kapitalmarktorientierte Kapitalgesellschaften (§ 264d HGB) werden verpflichtet, die wesentlichen Merkmale ihres IKS und RMS im Hinblick auf die Rechnungslegung zu beschreiben. Diese Beschreibung muss durch den Abschlussprüfer geprüft werden.

Die Vorschriften zum Lagebericht (§ 289 Abs. 5 HGB) bzw. Konzernlagebericht (§ 315 Abs. 2 Nr. 5 HGB) unterscheiden sich dabei nur geringfügig.

LITERATUR

„(5) Kapitalgesellschaften im Sinn des § 264d haben im Lagebericht die wesentlichen Merkmale des internen Kontroll- und des Risikomanagementsystems im Hinblick auf den Rechnungslegungsprozess zu beschreiben.“ (§ 289 Abs. 5 HGB)

§ 289 Abs. 5 HGB enthält zwar keine Verpflichtung, ein IKS und RMS einzurichten, allerdings muss dies dann im Lagebericht offengelegt werden. Der Kapitalmarkt erwartet aber die Einhaltung von Mindeststandards.

Aufsichtsrat

Der Aufsichtsrat ist zuständig für die Überwachung des Rechnungslegungsprozesses, der Wirksamkeit des IKS, des internen RMS und – soweit vorhanden – des internen Revisionssystems. Seine Verantwortung ist dabei nicht auf den Rechnungslegungsprozess beschränkt.

3.3 KonTraG

Tz. 106

Mit dem Gesetz zur Kontrolle und Transparenz im Unternehmensbereich (KonTraG) wurde 1998 das Wort „Frühwarn- bzw. Früherkennungssystem“ erstmals gesetzlich normiert. Durch dieses Artikelgesetz wurden zehn Gesetze bzw. Verordnungen geändert, darunter das Aktiengesetz (AktG), das Handelsgesetzbuch (HGB), das Publizitätsgesetz (PublG) und das Genossenschaftsgesetz (GenG). Das KonTraG richtet sich an

- Vorstände,
- Geschäftsführer,
- Aufsichtsgremien und
- Wirtschaftsprüfer.

Zu den wichtigsten Änderungen durch das KonTraG gehört die Einführung des § 91 Abs. 2 AktG. Er schreibt die Einrichtung eines RMS für alle börsennotierten Unternehmen vor.

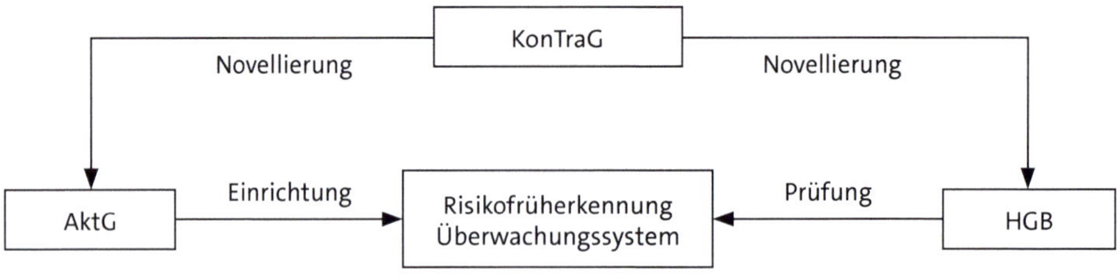

3.3.1 Geltungsbereich

Tz. 107

Das KonTraG gilt auch für Gesellschaften, die keine Aktiengesellschaften sind. Es muss bei folgenden Rechtsformen beachtet werden:

- Aktiengesellschaft (außer kleine AGs),
- GmbH (insbesondere wenn dort ein mitbestimmter oder fakultativer Aufsichtsrat existiert),
- GmbH & Co. KG,

- KG, wenn keine natürliche Person persönlich haftender Gesellschafter ist,
- OHG, wenn keine natürliche Person persönlich haftender Gesellschafter ist.

Neben der Rechtsform müssen zwei der drei folgenden Kriterien erfüllt sein:

Bilanzsumme	>	3,44 Mio. €
Umsatz	>	6,87 Mio. €
Zahl der Mitarbeiter	>	50

Damit müssen auch viele mittelständische Unternehmen die Vorschriften des KonTraG beachten.

3.3.2 Zielsetzung

Tz. 108

Mit dem KonTraG sollte die Corporate Governance in deutschen Unternehmen fortentwickelt und verbessert werden. Die Unternehmen sollten dazu veranlasst werden, ihre Risikosituation systematisch zu beobachten und dadurch Fehlentwicklungen zu erkennen und vorzubeugen. Die Anteilseigner sollten durch die Stärkung der Kontrollfunktion von Aufsichtsrat und Abschlussprüfer besser geschützt und ihr Vertrauen in das Unternehmen gestärkt werden.

- Die Unternehmen müssen ihre Risikosituation systematisch beobachten, um Fehlentwicklungen frühzeitig erkennen und Gegenmaßnahmen einleiten zu können.
- Die Qualität der Abschlussprüfung und die Transparenz im Unternehmen sollen erhöht werden.
- Im Lagebericht müssen Aussagen zu Risiken und zur Risikostruktur veröffentlicht werden.
- Die Kontrolle durch die Hauptversammlung soll verstärkt werden.
- Die Haftung von Vorstand, Aufsichtsrat und Wirtschaftsprüfern wurde erweitert.

3.3.2.1 Einrichtung eines Risikomanagementsystems

Tz. 109

Durch die Einführung des § 91 Abs. 2 AktG werden alle börsennotierten Unternehmen verpflichtet, Maßnahmen zur Risikoerkennung und Risikoanalyse zu ergreifen, damit die Unternehmensleitung kritische Entwicklungen so frühzeitig erkennen kann, dass rechtzeitig geeignete Gegensteuerungsmaßnahmen getroffen werden können.

> „(2) Der Vorstand hat geeignete Maßnahmen zu treffen, insbesondere ein Überwachungssystem einzurichten, damit den Fortbestand der Gesellschaft gefährdende Entwicklungen früh erkannt werden.“ (§ 91 Abs. 2 AktG)

LITERATUR

Durch diesen Paragrafen gehört das Risikomanagement zu den Sorgfaltspflichten des Vorstands einer AG und der GmbH-Geschäftsführer.

> „(1) Die Vorstandsmitglieder haben bei ihrer Geschäftsführung die Sorgfalt eines ordentlichen und gewissenhaften Geschäftsleiters anzuwenden.“ (§ 93 Abs. 1 Satz 1 AktG)
>
> „(1) Die Geschäftsführer haben in den Angelegenheiten der Gesellschaft die Sorgfalt eines ordentlichen Geschäftsmannes anzuwenden.“ (§ 43 Abs. 1 GmbHG)

LITERATUR

3.3.2.2 Erstellen eines Risikolageberichts

Tz. 110

Der Lagebericht muss eine Beurteilung und Erläuterung wesentlicher künftiger Risiken enthalten.

> „(1) Im Lagebericht sind der Geschäftsverlauf einschließlich des Geschäftsergebnisses und die Lage der Kapitalgesellschaft so darzustellen, dass ein den tatsächlichen Verhältnissen entsprechendes Bild vermittelt wird. … Ferner ist im Lagebericht die voraussichtliche Entwicklung mit ihren wesentlichen Chancen und Risiken zu beurteilen und zu erläutern; zugrunde liegende Annahmen sind anzugeben. …“ (§ 289 Abs. 1 HGB)

LITERATUR

Durch den Risikolagebericht sollen frühzeitig bestehende Risiken und unternehmensgefährdende Entwicklungen deutlich werden.

3.3.2.3 Prüfungsverpflichtung

Tz. 111

Die Prüfung der Umsetzung der Vorschriften bezüglich des Risikomanagements ist Teil der Jahresabschlussprüfung. Die Abschlussprüfer müssen beurteilen, ob das vorgeschriebene Risikofrüherkennungssystem und die Risikoberichterstattung ordnungsgemäß eingerichtet wurden. Ihr Urteil ist Bestandteil des Prüfungsberichts.

LITERATUR

„(4) Bei einer börsennotierten Aktiengesellschaft ist außerdem im Rahmen der Prüfung zu beurteilen, ob der Vorstand die ihm nach § 91 Abs. 2 des Aktiengesetzes obliegenden Maßnahmen in einer geeigneten Form getroffen hat und ob das danach einzurichtende Überwachungssystem seine Aufgaben erfüllen kann." (§ 317 Abs. 4 HGB)

Tz. 112

Im Prüfungsbericht muss der Abschlussprüfer auch auf Schwachstellen des Risikomanagements und erforderliche Maßnahmen zur ihrer Behebung eingehen. § 317 Abs. 2 HGB regelt ergänzend, dass die Darstellung der Risiken der zukünftigen Unternehmensentwicklung im Lagebericht auf ihre Plausibilität hin geprüft werden muss.

Zusätzlich bewirkt das Gesetz, dass der Auftrag an den Abschlussprüfer vom Aufsichtsrat erteilt wird, der auch den Prüfungsbericht entgegennimmt.

3.4 DRS 5

Tz. 113

DRS 5 präzisiert die Anforderungen des KonTraG. Er regelt die Grundsätze der Risikoberichterstattung. Der Lagebericht soll zuverlässig die entscheidungsrelevanten Informationen bieten, damit ein zutreffendes Bild über die zukünftigen Risiken des Unternehmens entsteht.

- Der Schwerpunkt liegt auf den unternehmensspezifischen Risiken, durch die Entscheidungen der Adressaten des Lageberichts beeinflusst werden können.
- Außerdem wird durch den DRS 5 eine Quantifizierung der vorhandenen Risiken verlangt. Sie müssen verständlich dargestellt und erläutert werden.
- Vorgeschrieben wird die Darstellung des eingeführten RMS mit den Schwerpunkten Strategie, Prozess und Organisation des Risikomanagements.

3.5 Deutscher Corporate Governance Kodex

Tz. 114

Der Deutsche Corporate Governance Kodex (DCGK) fordert – neben weiteren Anregungen und Bestimmungen –, dass der Vorstand ein angemessenes Risikomanagement und -controlling einrichten muss. Der Aufsichtsrat muss regelmäßig, zeitnah und umfassend über Risiken und über das Risikomanagement unterrichtet werden. Zwei Ziele sollen damit verfolgt werden:

- Die zahlreichen Vorschriften aus unterschiedlichen Gesetzen sollen durch die zusammenfassende Darstellung transparenter werden.
- Durch eigene Standards sollen die vorhandenen gesetzlichen Regelungen ergänzt werden. Bestimmungen im Kodex können schneller verändert werden als gesetzliche Vorschriften.

Der DCGK ist eine freiwillige Selbstverpflichtung, er hat keinen Gesetzescharakter.

MERKE

Als gute Corporate Governance wird eine transparente und verantwortliche Unternehmensführung verstanden. Sie umfasst alle Verhaltensgrundsätze, die zur Leitung und Überwachung eines Unternehmens relevant sind.

3.6 Sarbanes-Oxley Act

Tz. 115

Mit dem Sarbanes-Oxley Act (SOX) wurden 2002 Elemente des RMS in die amerikanische Gesetzgebung eingefügt. Er verändert und erweitert die Aufgaben der Geschäftsführung, der Aufsichtsorgane und auch der Wirtschaftsprüfer. Diese Organe sind verantwortlich für die Effizienz und Funktionsfähigkeit der Bestimmungen.

Tz. 116

Das Ziel des SOX ist die Wiederherstellung des Vertrauens der Anleger in die Kapitalmärkte bzw. in die Richtigkeit und Verlässlichkeit der veröffentlichten Finanzdaten von Unternehmen. Er ähnelt in Inhalt und Zielen dem KonTraG, geht aber an einigen Stellen darüber hinaus. So sind drastische Strafen für falsche oder unvollständige Angaben vorgesehen.

Der SOX enthält die Verpflichtung, ein IKS einzuführen, um den Gesellschaftsorganen risikorelevante Informationen zur Verfügung stellen zu können. Die Geschäftsleitung hat kontinuierlich über die Wirksamkeit des IKS zu berichten und Rechenschaft abzulegen. Jährlich muss ein Bericht darüber verfasst werden und das sog. Audit Committee kontrolliert die Ordnungsmäßigkeit der Finanzberichterstattung.

Tz. 117

Der SOX gilt auch für deutsche Tochterunternehmen amerikanischer Konzerne und für deutsche Konzerne mit Tochtergesellschaften in den USA.

HINWEIS

Die rechtlichen Grundlagen sind im Rahmenplan nur beispielhaft aufgeführt, sie sollten aber verstanden sein.

4. Reduzierung von Fehlerrisiken im Unternehmen

Tz. 118

Ein Risikomanagement ermöglicht durch die Transparenz möglicher Risiken

- rechtzeitig die Veränderung von Risiken zu erkennen,
- Möglichkeiten zur Risikosteuerung zu nutzen,
- bewusst bestimmte Risiken einzugehen.

Tz. 119

Maßnahmen zur Vermeidung von Risiken

In jedem Unternehmen stehen klassische Instrumente zur Vermeidung von Risiken zur Verfügung, z. B.

- **Unfallschutz:** Zahlreiche Gesetze und Regeln sollen die Gesundheit der Beschäftigten fördern, den Arbeitsschutz gewährleisten und Rechtssicherheit für die Unternehmen schaffen.
- **Qualitätsmanagement:** Organisatorische Maßnahmen sollen die Prozessqualität so verbessern, dass die Produkte den Ansprüchen der Kunden genügen.
- **Marktforschung:** Durch die systematische Sammlung und Analyse von Marktdaten können Entscheidungshilfen für andere Unternehmensbereiche bereitgestellt werden.
- **Controlling:** Durch die Verbesserung der Koordination von Planung, Kontrolle und Informationsversorgung im Führungssystem werden die unternehmerischen Risiken gesenkt.
- **Ethische Unternehmensführung:** Eine ethische Führung, die sich an den Werten der Gesellschaft oder des Unternehmens orientiert, motiviert Mitarbeiter und führt zu besseren Arbeitsergebnissen, weil sie unfaires Verhalten und Rücksichtslosigkeit nicht zulässt. Sie macht Verhalten glaubhaft und überprüfbar.

Tz. 120

Selbst umfangreiche Maßnahmen zur Risikobegrenzung können aber mögliche Risikoquellen nicht vollständig beseitigen. Mögliche Gründe sind z. B.:

- **Menschliche Fehlleistungen:** Nachlässigkeit, Beurteilungsfehler.
- **Seltene Geschäftsvorfälle:** Ein IKS kann nicht routinemäßige Aktivitäten nur bedingt erfassen.
- **Umgehung:** Das Management oder andere Mitarbeiter können die Regelungen eines IKS bewusst ignorieren.
- **Fehlende Kontrollen:** Verantwortliche vernachlässigen ihre Überwachungspflichten.

Tz. 121

Eine 100 %ige Sicherheit wird aber i. d. R. – mit Ausnahme von besonders sensiblen Bereichen – nicht angestrebt. Es wird immer eine Abwägung geben zwischen den Kosten für mögliche Kontrollmaßnahmen und den erwarteten Nachteilen durch die verbleibenden Risiken. Auf mögliche Maßnahmen wird verzichtet, wenn ihre Kosten höher eingeschätzt werden als der erwartete Nutzen.

4.1 Anforderungen des Abschlussprüfers gem. IDW

Tz. 122

Im Zusammenhang mit der Prüfung des Jahresabschlusses muss der Abschlussprüfer gem. § 317 Abs. 4 HGB auch das Risikofrüherkennungssystem und die Umsetzung der Vorschriften zum Risikomanagement in seine Prüfung einbeziehen.

Er muss beurteilen, ob der Vorstand die erforderlichen Maßnahmen in einer geeigneten Form getroffen hat, ob sie kontinuierlich angewandt werden und ob das installierte Überwachungssystem wirksam ist. Bei prüfungspflichtigen Aktiengesellschaften ist der Wirtschaftsprüfer verpflichtet, die Effizienz und die Funktionsfähigkeit des Früherkennungssystems zu testieren.

Tz. 123

Ein IKS ist wirksam, wenn es mit hinreichender Sicherheit verhindert, dass

- Rechtsvorschriften verletzt werden,
- die operativen Ziele verfehlt werden,
- die Risiken die Ordnungsmäßigkeit des Jahresabschlusses gefährden.

LITERATUR

„Dabei ist auch zu prüfen, ob die Chancen und Risiken der künftigen Entwicklung zutreffend dargestellt sind." (§ 317 Abs. 2 Satz 2 HGB)

Das Ergebnis der Prüfung ist im Bestätigungsvermerk festzuhalten (§ 322 HGB).

Tz. 124

Das Institut der Wirtschaftsprüfer hat Richtlinien zur Beurteilung eines RMS festgelegt. Die Prüfung soll feststellen, ob alle potenziell bestandsgefährdenden Risiken so rechtzeitig erfasst und kommuniziert werden, dass die Unternehmensleitung in geeigneter Weise reagieren kann.

Die Prüfungsstandards haben keinen gesetzlichen Charakter. Weil sie aber maßgebend sind für das Urteil der Wirtschaftsprüfer, haben sie große Bedeutung für die unternehmerische Praxis.

4.1.1 IDW PS 340

Tz. 125

Im Prüfungsstandard 340 des Instituts der Wirtschaftsprüfer (IDW PS 340) werden die notwendigen Elemente eines Risikofrüherkennungs- und Überwachungssystems beschrieben.

LITERATUR

Risikomanagement umfasst die „Gesamtheit aller organisatorischen Regelungen und Maßnahmen zur Risikoerkennung und zum Umgang mit Risiken unternehmerischer Betätigung". (IDW PS 340)

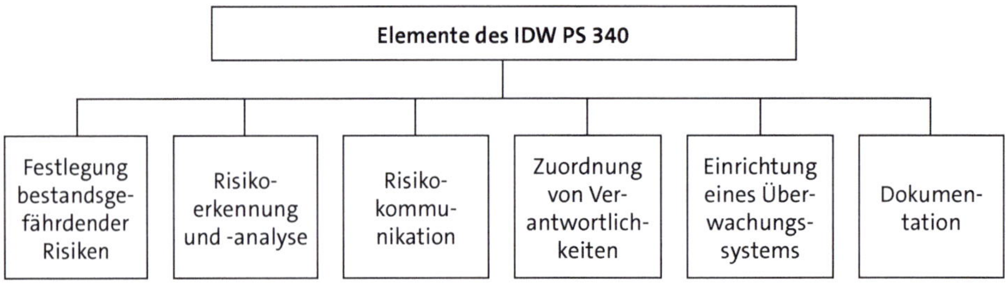

- **Festlegung bestandsgefährdender Risiken bzw. Risikofelder:** Unternehmen müssen für alle Funktionsbereiche und Prozesse interne und externe Risiken und Risikofelder bestimmen. Das Risikomanagement muss alle Einzelrisiken umfassen und sich auf das gesamte Unternehmen beziehen.
- **Risikoerkennung und -analyse:** Dieser zentrale Aspekt berücksichtigt u. a. die Erstellung eines Risikoprofils, die Identifikation von Risikointerdependenzen und die Risikobewertung mit Schadenshöhe und Eintrittswahrscheinlichkeit.

- **Risikokommunikation:** Organisation einer Risikoberichterstattung und Festlegung geeigneter Berichtswege und -abläufe. Festlegung von Schwellenwerten für Sofortmitteilungen.
- **Zuordnung von Verantwortlichkeiten und Aufgabenbereichen:** Für alle Unternehmensbereiche müssen Verantwortliche für die Identifikation und Steuerung der jeweiligen Risiken benannt sein.
- **Einrichtung eines Überwachungssystems:** Die Organisation des Risikomanagements beinhaltet die Einbeziehung von internen und externen Prüfern und Beratern.
- **Dokumentation:** Ein Risikohandbuch und die Archivierung aller relevanten Dokumente ermöglichen, dass alle getroffenen Maßnahmen nachvollzogen werden können.

4.1.2 Betriebswirtschaftliche Anforderungen

Tz. 126

Das Risikomanagement muss zusätzlich auch betriebswirtschaftlichen Anforderungen entsprechen. Sie ergeben sich aus der strategischen Unternehmensplanung und aus der Organisationsstruktur.

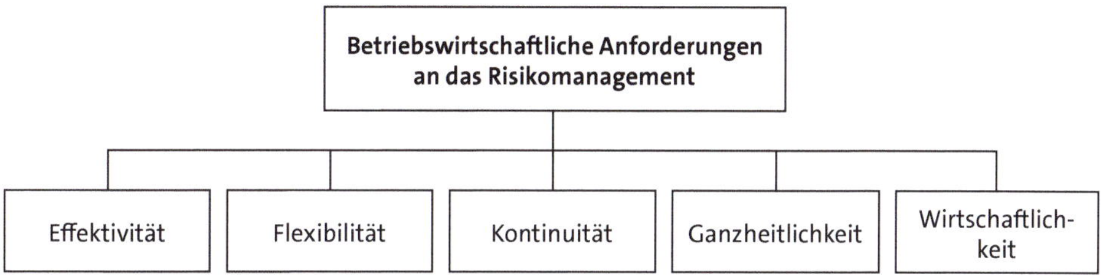

Tz. 127

- **Effektivität** Integration

  Ein funktionierendes Risikomanagement muss mit den übergeordneten Unternehmenszielen kompatibel sein, deshalb ist eine Integration in die Unternehmenssteuerung notwendig. Ein IKS ist effizient, wenn es konsequent an der Risikostruktur des Unternehmens orientiert ist. Mit möglichst geringen Kosten soll dabei der größtmögliche Nutzen erzielt werden.

Tz. 128

- **Flexibilität**

  Das Risikomanagement muss so gestaltet sein, dass es flexibel, zeitnah und konsequent auf neue Risiken reagieren kann. Mit steigender Anpassungsfähigkeit eines Unternehmens sinkt das Risiko.

Tz. 129

- **Kontinuität**

  Um jederzeit adäquat handeln und die Geschäftstätigkeit auch unter Krisenbedingungen fortführen zu können, muss ein bestehendes IKS stetig weiterentwickelt und verbessert werden. Nur so ist eine systematische Vorbereitung auf mögliche Risikofälle möglich.

Tz. 130

- **Ganzheitlichkeit**

  Weil das Unternehmensrisiko nicht teilbar ist, besteht die Herausforderung darin, etablierte Teilsysteme zusammenzuführen und zu einem integrierten, unternehmensweiten Risikomanagement mit dynamischen Strukturen weiterzuentwickeln. Erst durch Einbeziehung aller Teilrisiken lässt sich das gesamte Unternehmensrisiko erkennen.

Tz. 131

- **Wirtschaftlichkeit**

  Auch beim Risikomanagement soll das erwünschte Ergebnis mit einem möglichst geringen Aufwand erreicht werden. Bei verschiedenen Möglichkeiten der Ausgestaltung soll die Alternative gewählt werden, die insgesamt die wenigsten Ressourcen erfordert.

4.2 Lagebericht

Tz. 132

§ 289 HGB

Der Lagebericht muss gemäß § 289 Abs. 1 HGB Informationen zu den Unternehmensrisiken enthalten, insbesondere:

- einen Überblick über die Entwicklung des Unternehmens;
- eine Darstellung der wirtschaftlichen Lage des Unternehmens;
- Informationen zu den zukünftigen Risiken, besonders zu den bestandsgefährdenden Risiken. Der Grundsatz der Klarheit gebietet zumindest eine Erläuterung bestehender Risiken.

LITERATUR

„Ferner ist im Lagebericht die voraussichtliche Entwicklung mit ihren wesentlichen Chancen und Risiken zu beurteilen und zu erläutern; zugrunde liegende Annahmen sind anzugeben." (§ 289 Abs. 1 Satz 4 HGB)

Tz. 133

Gemäß § 289 Abs. 2 HGB soll der Lagebericht auch eingehen auf:

- die Risikomanagementziele und -methoden,
- die Preisänderungs-, Ausfall- und Liquiditätsrisiken sowie
- die Risiken aus Zahlungsstromschwankungen.

Vergleichbare Regelungen gelten gem. § 315 Abs. 1 und 2 HGB auch für den Konzernlagebericht.

4.3 Umfang des internen Kontrollsystems

Tz. 134

keine Vorschriften

Zu Inhalt, Form und Umfang eines IKS gibt es keine Vorschriften oder Richtlinien. Es liegt in der Verantwortung der Unternehmensleitung, die angemessene Form sicherzustellen. Infolge unterschiedlicher Voraussetzungen müssen die Anforderungen an das IKS unterschiedlich sein. Entscheidend wird dabei sein, wie genau die Ziele der Unternehmensleitung aussehen und welche Ziele sie für das Risikomanagement formuliert.

Tz. 135

Die üblichen Qualitätsanforderungen an ein IKS werden durch das Risikoprofil der Branche; des Unternehmens und der Größe und Komplexität bestimmt. Daraus ergeben sich als Mindestanforderungen:

- Identifikation und Bewertung möglicher interner und externer Risiken,
- Kontrollaktivitäten zur Vermeidung bzw. Verminderung der Risiken,
- regelmäßige Überprüfung und Dokumentation.

Insbesondere bei globalen Verflechtungen sollte die Ausgestaltung des IKS international anwendbar sein.

5. Risikofrüherkennungssystem

Tz. 136

Risikofrüherkennungssysteme sollen vorhandene, aber noch verdeckte Risiken frühzeitig identifizieren, um durch rechtzeitige Reaktionen Gefahren abzuwenden oder zu reduzieren.

Obwohl sich die Organisation eines IKS nach den jeweiligen Anforderungen des Unternehmens richten muss, beruht ein angemessenes und effektives IKS grundsätzlich auf vier Prinzipien:

```
                    Prinzipien eines IKS
          ┌──────────────┬──────────────┬──────────────┐
          ▼              ▼              ▼              ▼
    Transparenz   Vier-Augen-Prinzip  Funktionstrennung  Mindestinformation
```

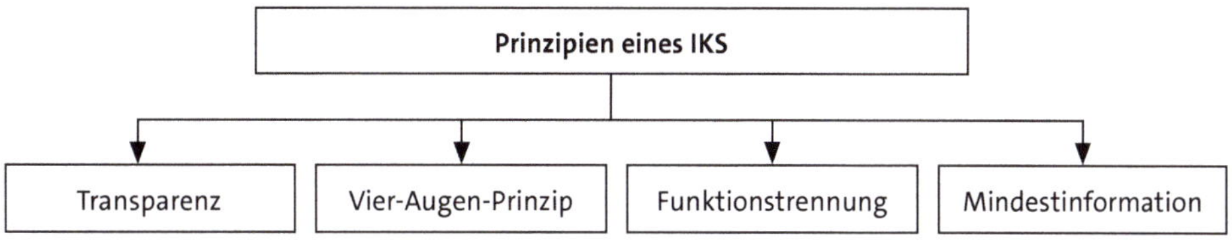

5.1 Transparenz

Tz. 137

Alle wesentlichen Geschäftsprozesse sollen so klar und nachprüfbar definiert werden, dass beurteilt werden kann, ob jeweils nach den vorgeschriebenen Prinzipien gearbeitet wurde. Es muss also ein Soll-Konzept etabliert sein, damit Außenstehende beurteilen können, ob und welche Abweichungen von der angestrebten Soll-Situation bestehen.

Überprüfbarkeit

Dadurch wird auch die Erwartungshaltung der Unternehmensleitung erkennbar.

5.2 Vier-Augen-Prinzip

Tz. 138

Das **Vier-Augen-Prinzip** (auch Vier-Augen-Kontrolle) besagt, dass keine wichtige Entscheidung allein von einer einzelnen Person getroffen werden darf und dass kritische Tätigkeiten nicht von einer einzelnen Person durchgeführt werden dürfen. Sie müssen von einer zweiten Person geprüft werden. Verstöße und Fehler sollen so minimiert werden.

keine Einzelentscheidung

Zwei Ausprägungen sind möglich:

```
            Vier-Augen-Prinzip
          ┌──────────┴──────────┐
       Mitwirkung            Bezeugung
```

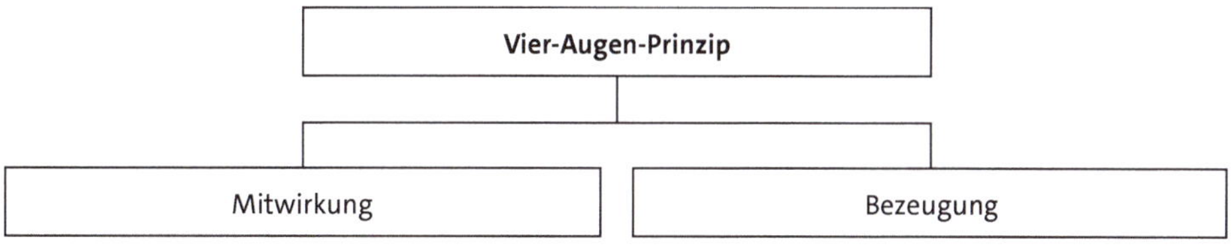

▶ Bei dem **mitwirkenden** Vier-Augen-Prinzip arbeiten zwei Mitarbeiter zusammen an einer Entscheidung und ergänzen sich dabei.

▶ Beim **bezeugenden** Vier-Augen-Prinzip führt ein Mitarbeiter die Aufgabe selbstständig aus, eine andere Person bestätigt seine Entscheidung.

Durch die Gegenkontrolle soll das Risiko von Fehlern oder Missbrauch reduziert werden. **Voraussetzungen** sind

▶ die Unabhängigkeit der Personen und
▶ ihre Unvoreingenommenheit gegenüber dem Prüfungsgegenstand.

Der höhere Zeitbedarf bei Entscheidungen nach dem Vier-Augen-Prinzip und die dadurch höheren Kosten werden wegen des geringeren Risikos in Kauf genommen.

Eine **Gefahr** liegt bei Anwendung des Vier-Augen-Prinzips darin, dass sich die Beteiligten aufeinander verlassen und dann die gegenseitige Kontrolle nur oberflächlich durchführen.

> Das Vier-Augen-Prinzip muss durch die Funktionstrennung ergänzt werden, nur dann kann Fehlern und Missbrauch vorgebeugt werden.

HINWEIS

5.3 Funktionstrennung

Tz. 139

Während beim Vier-Augen-Prinzip Fehler und Manipulationen einzelner Mitarbeiter verhindert werden sollen, wird bei einer Funktionstrennung die Organisationsstruktur so gestaltet, dass durch Verteilung der Tätigkeiten bestimmte Aufgaben in einem Leistungsprozess nicht durch

Verteilung der Tätigkeiten

eine einzelne Person oder Organisationseinheit durchgeführt werden. Eine Person (oder Stellengruppe) soll einen Geschäftsfall niemals alleine durchführen und überwachen können.

BEISPIELE

Funktionstrennung		
	1. Funktion	**2. Funktion**
1.	Bestellanforderungen anmelden	Bestellanforderungen genehmigen
2.	Genehmigung von Bestellungen	Verbuchung der Wareneingänge
3.	Verbuchung von Eingangsrechnungen	Verbuchung von Wareneingängen
4.	Pflege der Lieferantenstammdaten	Durchführung von Rücksendungen
5.	Genehmigung von Reisen	Verbuchung der Reisekosten

Die Funktionstrennung wirkt gleichzeitig vorbeugend und aufdeckend:

- Die Präventionswirkung ergibt sich, weil die Aufgabe organisationsbedingt nicht ohne Funktionstrennung erfüllt werden kann;
- Verstöße können einfach festgestellt werden und lassen sich leicht nachvollziehen.

Tz. 140

Voraussetzungen für eine Funktionstrennung sind ein genügend großer Arbeitsumfang und eine ausreichende Zahl von Mitarbeitern. Durch die Gestaltung der Organisation werden insbesondere die Anforderungen an die Funktionstrennung umgesetzt.

Trotz konsequenter Funktionstrennung und zusätzlicher Kontrollen lässt sich allerdings nicht verhindern, dass bei gemeinschaftlichem Handeln dennoch die Sicherungsmaßnahmen außer Kraft gesetzt werden können. Der Beachtung der Fraud-Indikatoren (vgl. Tz. 76 ff.) kommt deshalb trotzdem eine zentrale Bedeutung zu.

5.4 Mindestinformationen

Tz. 141

nur notwendige Informationen

Mitarbeitern bzw. Gruppen von Mitarbeitern dürfen nur die Informationen zur Verfügung stehen, die für die Durchführung der zugewiesenen Aufgaben benötigt werden. Jeder soll nur Zugang zu den für seine Arbeit notwendigen Daten haben. Das Prinzip wird gewährleistet durch zweckmäßige Sicherungsmaßnahmen.

Das betrifft vor allem die Zugangsbeschränkungen bei IT-Systemen. Offene Netzwerke bergen erhebliche Risiken, deshalb sollen die Zugriffsrechte systemseitig begrenzt werden.

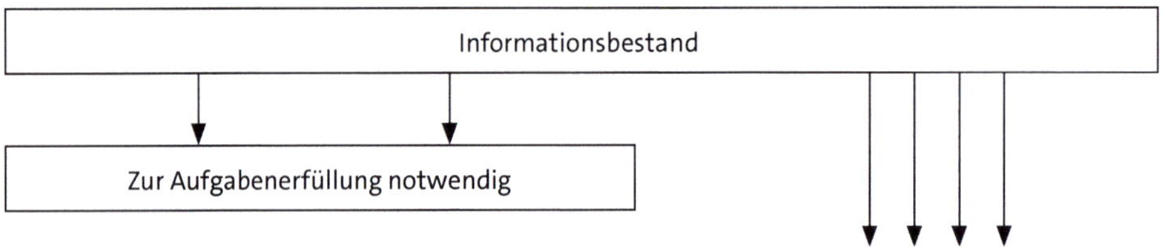

HINWEIS

Die Kenntnis der vier Prinzipien gehört zum Standardwissen sowohl in der schriftlichen als auch in der mündlichen Prüfung.

6. Kontrollbereiche

Tz. 142

Verantwortungsbereiche

Ein effektives IKS verlangt klar abgegrenzte Verantwortungsbereiche, die durch die Unternehmensorganisation bestimmt werden. Die getroffenen Maßnahmen müssen durch systematische Kontrollen überprüft werden.

6.1 Aufbauorganisation

Tz. 143

Durch die Aufbauorganisation wird sichergestellt, dass die Erfüllung einer Aufgabe (operative Verantwortung) und die Auftragskontrolle (Soll-Ist-Vergleich) verschiedenen Mitarbeitern zugewiesen sind. Die Bildung organisatorischer Einheiten und die Zuweisung von Zuständigkeiten ist ein wesentlicher Teil des Risikomanagements.

ABB. 7: Aufbauorganisation

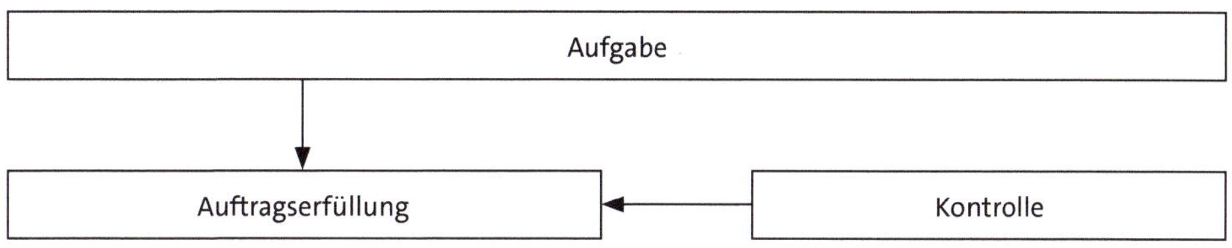

Tz. 144

- **Delegation**

  Durch Übertragung von Kompetenzen soll die Nutzung von Wissen und Können der Mitarbeiter gefördert werden. Dadurch steigt die Motivation und das Risikoverhalten wird positiv beeinflusst.

Tz. 145

- **Spezialisierung**

  Mit zunehmender Spezialisierung wird die Risikowahrnehmung und die Risikogestaltung beeinträchtigt, weil die Wahrnehmung der Bedeutung der eigenen Aufgaben für den Gesamtzusammenhang verloren geht.

Tz. 146

- **Koordinationsformen**

  Die Sensibilität für mögliche Risiken wird erhöht, wenn die Mitarbeiter die Kommunikationswege selbst beeinflussen und aktiv nutzen können. Durch Dezentralisierung wird die Risikowahrnehmung gefördert.

Tz. 147

- **Organigramm**

  Durch grafische Darstellungen der Aufbauorganisation lassen sich kritische Stellen und Engpässe leicht identifizieren und mögliche Risiken antizipieren.

6.2 Ablauforganisation

Tz. 148

Während mit der Aufbauorganisation die Struktur des Unternehmens bestimmt wird, werden mit der Ablauforganisation die Prozesse der Beschaffung, der Produktion und des Vertriebs möglichst effektiv miteinander verbunden. Zur Risikobegrenzung müssen dazu die besonders erfolgskritischen Elemente identifiziert werden. Gerade prozessübergreifende Geschäftsvorgänge, die aus verschiedenen Teilaktivitäten bestehen, können zu Problemen und damit zu zusätzlichen Risiken führen.

Um diese Risiken adäquat steuern zu können, muss das Risikomanagement organisatorisch in die Ablauforganisation integriert werden. Es leitet aus der strategischen Unternehmenszielsetzung die notwendigen Maßnahmen ab, sichert die notwendigen Informationsflüsse und ordnet die Verantwortlichkeiten zu. Im Rahmen der Ablauforganisation gehören deshalb zum Risikomanagement

- ein klare Beschreibung der Ablauforganisation,
- die Benennung aller mit wesentlichen Risiken behafteten Geschäftsabläufe,

- ausreichende Zwischenkontrollen nach Teilprozessen,
- eine klare Zuordnung der Verantwortlichkeiten, insbesondere die Übergabe von Daten und Ergebnissen an den jeweiligen Schnittstellen,
- die Datensicherheit und -nachvollziehbarkeit.

7. Qualität eines internen Kontrollsystems

Tz. 149

Optimierungsprozess

Weil sich die Unternehmen permanent verändern, muss im Rahmen der Risikoinventur auch das IKS ständig angepasst und verbessert werden. Der Optimierungsprozess wird dann in mehreren Stufen ablaufen:

Tz. 150

Zur Beurteilung der Qualität eines IKS kann folgende Übersicht dienen:

	Kontrollen	**Dokumentation**	**Prüfung/Anpassung**
unzuverlässig	nicht nachvollziehbar zufällig	keine	
informell	teilweise nicht nachvollziehbar	keine	
standardisiert	vollständig definiert	Dokumentation Auswertung	Anpassung an veränderte Risiken
gesichert	vollständig definiert	Dokumentation Auswertung detaillierte Beschreibung	regelmäßige Überprüfung Anpassung an veränderte Risiken Geschäftsführung bestätigt Funktionsfähigkeit
optimiert	vollständig definiert	Dokumentation Auswertung detaillierte Beschreibung aller Abläufe	regelmäßige Überprüfung Anpassung an veränderte Risiken Geschäftsführung bestätigt Funktionsfähigkeit IKS als integriertes System

1.) Welche wesentlichen Faktoren beeinflussen die konkrete Ausgestaltung eines IKS?

- *Die Größe des Unternehmens,*
- *die Rechtsform,*
- *die Komplexität der Prozesse,*
- *die Art der Geschäftstätigkeit,*
- *rechtliche Vorschriften,*
- *das eingeführte Informationsmanagement (Tz. 85).*

2.) Unterscheiden Sie zwischen interner Kontrolle und interner Revision.

Die interne Kontrolle bezieht sich auf die technischen Einrichtungen und auf die Organisation. Die interne Revision überprüft die Strukturen und Aktivitäten (Tz. 86).

3.) Welche sind die Vorteile eines zentralen Risikomanagements?

- *Keine Parallelstrukturen;*
- *Kompetenzen sind an einer Stelle gebündelt;*
- *Das Risikoinventar ist leichter erkenn- und überschaubar;*
- *Frühzeitige Identifikation von existenzgefährdender Risikoakkumulation (Tz. 95).*

4.) In welchen deutschen Gesetzen finden sich Vorschriften zum IKS?

- *HGB (§§ 289 Abs. 5, 315 Abs. 2)*
- *AktG (§§ 93 Abs. 1, 107 Abs. 3)*
- *KonTraG (§ 91 Abs. 2)*
- *TranspRLG (§ 3)*

(Tz. 102)

5.) Welche Unternehmen müssen das KonTraG anwenden?

- *AG (außer kleine AGs),*
- *GmbH (insbesondere, wenn dort ein mitbestimmter oder fakultativer Aufsichtsrat existiert),*
- *GmbH & Co. KG,*
- *KG, wenn keine natürliche Person persönlich haftender Gesellschafter ist,*
- *OHG, wenn keine natürliche Person persönlich haftender Gesellschafter ist (Tz. 107).*

6.) Welche betriebswirtschaftlichen Anforderungen muss ein Risikomanagement erfüllen?

Effektivität, Flexibilität, Kontinuität, Ganzheitlichkeit, Wirtschaftlichkeit (Tz. 126 ff.)

7.) Welche sind die vier Prinzipien eines IKS?

Transparenz, Vier-Augen-Prinzip, Funktionstrennung, Mindestinformation (Tz. 136 ff.)

8.) Was besagt das Vier-Augen-Prinzip?

Keine wichtige Entscheidung darf allein von einer einzelnen Person getroffen werden. Kritische Tätigkeiten müssen von einer zweiten Person geprüft werden (Tz. 138).

9.) Welche Aspekte müssen bei der Gestaltung der Aufbauorganisation hinsichtlich der Risikosteuerung berücksichtigt werden?

Delegation, Spezialisierung, Koordination (Tz. 143 ff.)

IV. Methoden zur Beurteilung von Risiken einsetzen

1. Kontrollaktivitäten als Komponenten eines internen Kontrollsystems

Tz. 151

Kontrollen in allen Funktionsbereichen

Durch Kontrollen soll sichergestellt werden, dass die Entscheidungen und Vorgaben der Unternehmensleitung beachtet und umgesetzt werden. Auf allen Ebenen und in allen Funktionsbereichen müssen sie dazu beitragen,

- die Auftrittswahrscheinlichkeit von Fehlern zu verringern oder
- trotzdem aufgetretene Fehler aufzudecken.

Die konkrete Ausprägung ist abhängig von der Organisation, der Art der Geschäftsprozesse, der Branche und der Unternehmenskultur. Entsprechend existieren zahlreiche unterschiedliche Kontrollaktivitäten.

Die Häufigkeit der Kontrollen ist abhängig von der Komplexität des Unternehmens, der Risikowahrscheinlichkeit und dem möglichen Schadensumfang. Kontrollen können

- täglich,
- wöchentlich,
- monatlich,
- jährlich und
- unregelmäßig

durchgeführt werden.

1.1 Automatisierte und manuelle Kontrollen

Tz. 152

Manuelle Kontrollen werden individuell durch eine oder mehrere Personen durchgeführt.

Automatische Kontrollen beruhen auf speziell programmierten Anwendungen bei den IT-Systemen. Sie werden automatisch ohne manuelle Eingriffe vorgenommen.

Kombinationen möglich

Eine Kombination der beiden Kontrollverfahren ist möglich, wenn sich z. B. die manuelle Kontrolle auf Größen bezieht, die vom System vorgegeben werden. Die Qualität ist dabei abhängig von der Qualität der selektierten Daten.

BEISPIEL

Das System stellt die – als kritisch erkannten – Daten für die Kontrolle der Umsätze bereit, der Vergleich erfolgt aber manuell in der Buchhaltung.

Tz. 153

Bei einer Dokumentenanalyse können Risiken nur nachträglich, etwa anhand von Statistiken oder Abweichungsanalysen, festgestellt werden. Deshalb werden Dokumentenanalysen hauptsächlich zur Identifikation von Prozess- und Organisationsrisiken genutzt.

1.2 Detektive und präventive Kontrollen

Tz. 154

„Präventive“ (vorsorgende) Kontrollen, die manuell oder automatisch erfolgen können, sollen Fehler verhindern und werden grundsätzlich bei risikoreichen Prozessen angewandt.

Tz. 155

„Detektive“ (aufdeckende) Kontrollen dienen dagegen zur rechtzeitigen Aufdeckung und Abstellung von Fehlern und Betrug. Auch diese Kontrollen werden entweder durch den Menschen oder durch ein System durchgeführt.

BEISPIEL

Überprüfung der Abschreibungsmethoden im Rahmen des Jahresabschlusses.

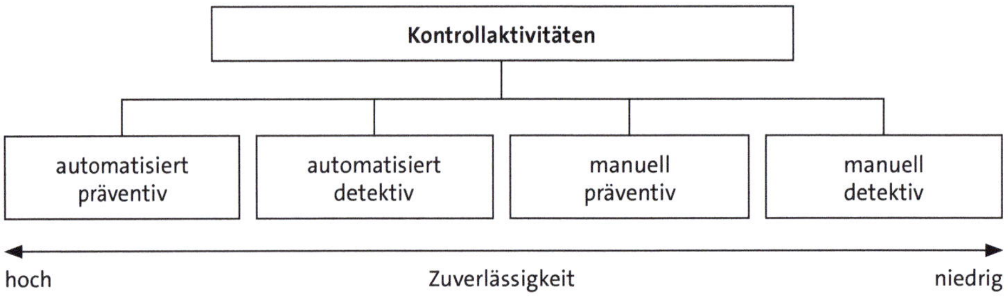

1.3 Primäre und sekundäre Kontrollen

Tz. 156

Relevanz

Bei der **Relevanz** der Kontrollen unterscheidet man zwischen „primären" und „sekundären" Kontrollen.

- **Primäre Kontrollen** sind entscheidend für die Verminderung bzw. Verhinderung des Risikos. Sie sind die am häufigsten eingesetzten Kontrollen des Managements.
- Nachgeordnete **sekundäre Kontrollen** sind ebenso wichtig bei der Verminderung des Risikos, werden aber nicht als bedeutend eingestuft. Sie können durch andere Maßnahmen ersetzt werden.

Bei der Umsetzung eines IKS finden die Kontrollaktivitäten als Kombinationen aus den genannten Ausprägungen statt.

1.4 Checklisten

Tz. 157

Checklisten helfen bei der Durchführung der Kontrollaufgaben. Sie werden den verantwortlichen Personen vorgelegt, ihr Ergebnis wird in einem Prüfbericht festgehalten.

Einzelrisiken

Mit Risikochecklisten werden Einzelrisiken systematisch erfasst. Häufig enthalten sie eine quantitative und/oder qualitative Bewertung. Sie werden auf der Grundlage von bereits bekannten Risiken erstellt, z. B. aus Statistiken über Schadensereignisse, die in der Vergangenheit eingetreten sind. Deshalb eignen sich Checklisten vor allem zur systematischen Überprüfung bereits bekannter Risiken; zur Identifizierung potenzieller Risiken sind sie ungeeignet.

HINWEIS

Wenn in der Prüfung der Entwurf einer Risikocheckliste verlangt wird, muss sich Ihr Vorschlag immer genau auf die Probleme des Unternehmens beziehen, das im einleitenden Text beschrieben ist. Eine allgemeine, immer anwendbare Liste kann es nicht geben.

BEISPIEL

Checkliste zu Risiken, die sich aus dem Umfeld des Unternehmens ergeben:

Umfeld	**Risiken**	**hoch**	**mittel**	**niedrig**	**Maßnahmen**
Natürliche Risiken	Klima Großfeuer Schadstoffemissionen Sonstiges				
Technische Risiken	Innovationen Gefährliche Technologien Sonstiges				
Wirtschaftliche Risiken	Streik Inflation Konjunkturentwicklung Steuerpolitik Handelsbeschränkungen Währungsrisiko Sonstiges				
Soziokulturelle Risiken	Fraud-Ereignisse Änderung des Konsumverhaltens Sonstiges				
Rechtliche Risiken	Unruhen Unklare Rechtslage Verwaltungshandeln Sonstiges				
Risiken durch Kunden	Bonität Zusammenarbeit Änderungswünsche Sonstiges				

BEISPIEL

Ursachenbezogene Checkliste:

	Risiko	**Beschreibung**	**Bedeutung**	**Ursache**	**Wirkungen**	**Maßnahmen**
1.	Verzögerung in der Produktion	Längere Bearbeitungszeiten				
		Fehler bei der Bedienung der Maschine				
2.	Produktion ist nicht möglich	Maschinenausfall				
		Personal steht nicht zur Verfügung				
...	...	...				

BEISPIEL

Produktbezogene Checkliste:

	Frage	Bewertung	Chancen und Risiken
1.	Wird die Angebotsbreite und -tiefe regelmäßig geprüft?	ja nein	Zu großes Sortiment führt zu hohen Kosten der Lagerhaltung. Zu kleines Sortiment entspricht evtl. nicht den Kundenwünschen.
2.	Wird die Produktqualität mit den Angeboten der Wettbewerber verglichen?	höher gleich geringer	Bei niedriger Produktqualität können die Kundenbeziehungen gefährdet sein.
3.	Werden die Preise mit den Angeboten der Wettbewerber verglichen?	höher gleich geringer	Höhere Preise können einen Rückgang der Nachfrage bewirken. Niedrigere Preise erhöhen bei gleicher Qualität die Absatzchancen.
4.	In welcher Phase des Produktlebenszyklus sind die wichtigsten Produkte?	Wachstumsphase Reifephase Sättigungsphase Rückgangsphase	Das Portfolio soll Produkte aus allen Phasen enthalten. Bei vielen Produkten in der Sättigungs- oder Rückgangsphase drohen Umsatzeinbrüche.
...	...		

Tz. 158

hierarchische Verknüpfung

Der Zusammenhang zwischen verschiedenen Risikoarten kann in Checklisten berücksichtigt werden, wenn sie hierarchisch miteinander verknüpft werden.

BEISPIEL

Checklistenhierarchie:

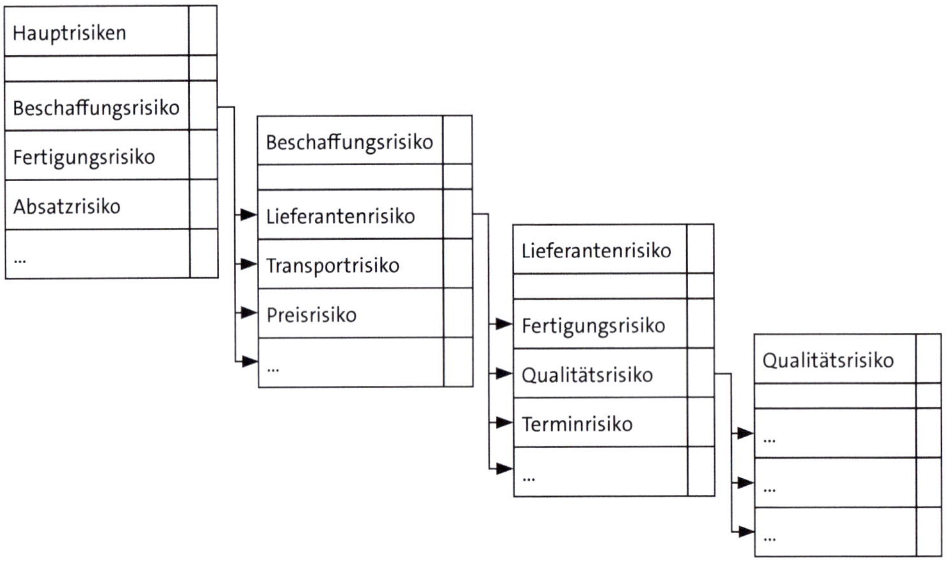

HINWEIS

Andere Kriterien zur Erstellung von Risikochecklisten sind denkbar. Achten Sie wortgenau auf die Fragestellung in der Prüfung.

1.5 Dokumentationen

Tz. 159

Adressaten

Das IKS kann nur wirksam eingesetzt werden, wenn es in geeigneter Weise dokumentiert wird. Es muss für interne und externe Adressaten nachvollziehbar zusammengefasst werden. Die vollständige Dokumentation dient der Unterstützung der Prozesse sowie der Messung und Sicherung der Zielerreichung.

Risikoinventar

Erforderlich ist eine lückenlose Darstellung der Kontrollinstrumente, Hinweise auf die Verantwortlichen und Informationen zur Durchführung und zu den Ergebnissen der Kontrollen. Als Grundlage dienen die kontinuierlichen Aufzeichnungen, insbesondere also das Risikoinventar.

Tz. 160

Der Umfang der Dokumentation richtet sich nach der Größe und Komplexität des Unternehmens und nach ihren Adressaten. Jeder Mitarbeiterin ist dafür verantwortlich, in seinem Bereich alle notwendigen Informationen zu dokumentieren, um den Geschäftsvorgang ordnungsgemäß zu bearbeiten.

Wenn die Dokumentation hauptsächlich der Außendarstellung dient, sind die Transparenz und die Organisation der Dokumentation von Bedeutung. Für die interne Nutzung können mehr Details enthalten sein.

Tz. 161

Die wesentlichen Aspekte werden in einem Risikomanagement-Handbuch festgehalten. Damit soll die Funktionsfähigkeit der getroffenen Maßnahmen – unabhängig von den beteiligten Personen – gesichert werden. Handbuch

Es hat drei wesentliche Funktionen:

- **Rechenschaftsfunktion:** Das Handbuch dient als Nachweis des pflichtgemäßen Verhaltens der Unternehmensführung, insbesondere in Bezug auf die gesetzlichen Verpflichtungen.
- **Sicherungsfunktion:** Die Aufzeichnungen sind Voraussetzung für eine personenunabhängige Funktionsfähigkeit des RMS. Durch die Information der Mitarbeiter wird die Voraussetzung für die einheitliche und konsequente Umsetzung des Risikomanagementprozesses im gesamten Unternehmen gesichert. Das Risikomanagement-Handbuch übernimmt die Funktion einer Unternehmensrichtlinie.
- **Prüfbarkeitsfunktion:** Das Handbuch ist Grundlage für die Prüfung durch den Aufsichtsrat und die gesetzlich geforderte jährliche Begutachtung durch die Wirtschaftsprüfer. Erst eine ausreichende Dokumentation ermöglicht dem Prüfer eine Beurteilung darüber, ob die eingeleiteten Maßnahmen kontinuierlich und vollständig umgesetzt wurden.

Tz. 162

Daraus ergeben sich die typischen Inhalte eines Risikomanagement-Handbuchs: Inhalte

1. Gründe für die Einrichtung des Risikomanagements
2. Grundlagen des Risikomanagements
   a) Definitionen
   b) Unternehmensziele
3. Organisation des Risikomanagements
   a) Technische Ausstattung
   b) Aufgaben
4. Prozesse des Risikomanagements
   a) Risikoanalyse
   b) Risikosteuerung
   c) Risikoüberwachung

Die Strukturierung des Handbuchs ist nicht festgelegt. Es soll die notwendigen Angaben so enthalten, dass sich ein sachverständiger Dritter in angemessener Zeit ein vollständiges Bild über die getroffenen Maßnahmen verschaffen kann.

1.6 Anweisungen

Tz. 163

Durch Arbeitsanweisungen zur Anwendung und Umsetzung wird eine reibungslose und konfliktfreie Umsetzung des IKS sichergestellt. Sie regeln für definierte Situationen die Vorgehensweise, den zeitlichen und räumlichen Rahmen und die Anwendung der vorgesehenen Maßnahmen. Die beteiligten Personen wissen, wie sie in beschriebenen Situationen handeln müssen.

einheitliche Durchführung

Anweisungen sichern eine einheitliche (von Personen unabhängige) Durchführung, verringern die Fehlerwahrscheinlichkeit und sparen damit Kosten.

1.7 Berechtigungskonzept

Tz. 164

Mit einem Berechtigungskonzept wird die Nutzung von Ressourcen in einem System so geregelt, dass eine genaue Definition der Nutzungsmöglichkeiten den uneingeschränkten Gebrauch verhindert.

Zuweisung von Ressourcen

Jedem potenziellen Nutzer wird eine Anzahl Ressourcen zugewiesen und es wird festgelegt, welche Daten, Informationen und auch Räume tatsächlich genutzt werden dürfen.

Insbesondere im Zusammenhang mit IT-Systemen haben Berechtigungskonzepte eine hohe Bedeutung. Die Art des Zugangs und der Autorisierung kann dabei auf verschiedene Weise gestaltet werden.

HINWEIS

Vgl. dazu auch Tz. 141 (Mindestinformationen).

2. COSO

Tz. 165

empfohlene Orientierungshilfe

Als internationales Standardwerk für ein unternehmensweites Risikomanagement hat sich – vor allem für große Unternehmen – das „Enterprise Risk Management – Integrated Framework" des Committee of Sponsoring Organizations of the Treadway Commission (COSO) etabliert. COSO II ist bereits eine Weiterentwicklung, die – unabhängig von Branche und Größe – für alle Unternehmen als Orientierungshilfe empfohlen wird.

COSO ist stark auf die Erreichung der Unternehmensziele fokussiert und besteht aus verschiedenen Elementen, deren Zusammenwirken erforderlich ist, um die gesetzten Ziele erreichen zu können. Risikomanagement wird dabei als Prozess verstanden, an dem die Überwachungs- und Leitungsorgane, das Management und andere Mitarbeiter beteiligt sind.

Tz. 166

COSO orientiert sich an folgenden Zielkategorien:

- Effektivität und Effizienz der betrieblichen Prozesse,
- Verlässlichkeit der Finanzberichterstattung,
- Einhaltung von Gesetzen und Vorschriften.

Das IKS besteht danach typischerweise aus folgenden wesentlichen Elementen:

<table>
<tr><th colspan="2">Kontrollumfeld</th></tr>
<tr><td rowspan="4">Risikobeurteilung</td><td>Zielsetzung</td></tr>
<tr><td>Risikoidentifikation</td></tr>
<tr><td>Risikobeurteilung</td></tr>
<tr><td>Maßnahmen</td></tr>
<tr><td colspan="2">Kontrollaktivitäten</td></tr>
<tr><td colspan="2">Information und Kommunikation</td></tr>
</table>

2.1 Kontrollumfeld

Tz. 167

funktionsbezogene Richtlinien

Das Kontrollumfeld wird durch das Leitbild des Unternehmens definiert. Funktionsbezogene Richtlinien bilden den Rahmen, in dem ein IKS betrieben wird und beeinflussen die Sensibilität der Mitarbeiter. Das Kontrollumfeld wird beeinflusst durch

- den Führungsstil,
- die Verhaltensregeln,
- das Delegationsverhalten,
- Leistungsvorgaben und
- die Rolle der Aufsichtsorgane.

2.2 Risikobeurteilung

Tz. 168

Die Erkennung und Analyse der Risikofaktoren bilden die Grundlage für die unternehmerischen Entscheidungen.

- **Zielsetzung:** Die unternehmerischen Zielsetzungen bilden den Ausgangspunkt für die Risikobeurteilung. Das Unternehmen muss seine Risiken kennen und die Risikosteuerung daran ausrichten.
- **Risikoidentifikation:** Der folgende Schritt ist die systematische Erkennung der Risiken, die zu einer Gefährdung der Unternehmensziele führen können. Diese Risiken können in
  - der Branche,
  - den Märkten,
  - den Produkten und Dienstleistungen,
  - dem gewählten Geschäftsmodell sowie
  - den Unternehmensprozessen

  liegen und strategischer, finanzieller, leistungswirtschaftlicher und rechtlicher Art sein.
- **Risikocharakteristik:** Zur Beurteilung eines Risikos muss die Höhe eines möglichen Schadens und die Wahrscheinlichkeit ermittelt werden, mit der dieser Schaden eintreten wird. Die grafische Zusammenfassung kann übersichtlich mit einer Matrix erfolgen:

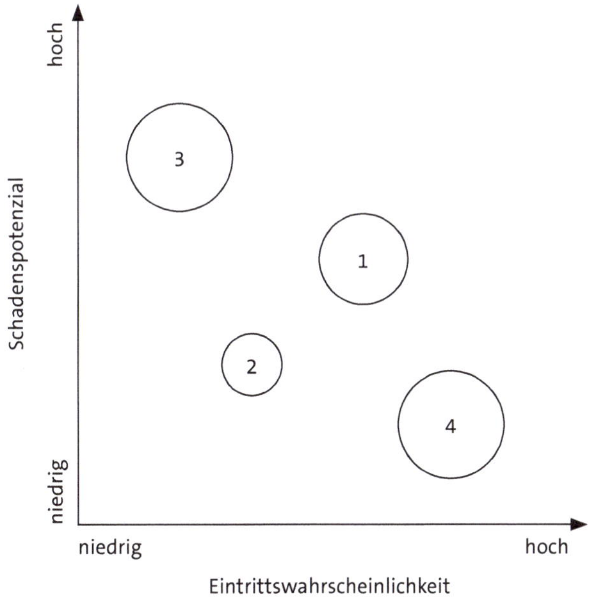

- **Maßnahmen:** Von der Risikofreudigkeit des Unternehmens hängt ab, welche Risiken durch Kontrollen vermieden werden sollen und welche in Kauf genommen werden können. Für die Risiken, die minimiert werden sollen, müssen Kontrollmaßnahmen und Kontrollziele festgelegt werden.

2.3 Kontrollaktivitäten

Tz. 169

Der Erfolg der Maßnahmen, die zur Risikominimierung ergriffen worden sind, muss durch Kontrollaktivitäten sichergestellt werden. Mithilfe eines verbindlichen Regelwerks werden die Vorgaben des Managements umgesetzt. Regelwerk

Die Kontrollaktivitäten sollen möglichst direkt in die Geschäftsprozesse integriert werden, weil ihre Wirksamkeit dann am höchsten ist. Kontrollmaßnahmen können – automatisch oder manuell – vorbeugend zur Fehlerverhinderung oder zur Identifizierung von bereits eingetretenen Fehlern organisiert sein. Abhängig von der Komplexität und dem Risiko werden sie in unterschiedlichen Abständen wiederholt.

Die Kontrollaktivitäten dürfen nicht isoliert eingesetzt werden, weil sie sich gegenseitig beeinflussen. Die Effizienz des Risikomanagements ist vom ausgewogenen Einsatz aller Instrumente abhängig.

2.4 Information und Kommunikation

Tz. 170

Die Informations- und Kommunikationswege müssen so gestaltet werden, dass den Mitarbeitern einerseits alle für sie relevanten Informationen zuverlässig, zeitgerecht und in geeigneter Form zur Verfügung stehen, die sie in die Lage versetzen, ihren Aufgaben und auch ihren internen Kontrollfunktionen nachzukommen. Andererseits muss aber der Zugriff auf ihren Verantwortungsbereich beschränkt werden. Voraussetzung für die Bereitstellung zuverlässiger Informationen ist die sorgfältige Dokumentation und ordnungsgemäße Zuordnung aller Vorgänge.

Angemessenheit

Der angemessenen Kommunikation zwischen den Hierarchieebenen kommt dabei eine besondere Bedeutung zu.

Weil sich Prozesse auch kurzfristig verändern können, müssen auch die Möglichkeiten der Anpassung des internen Kommunikationssystems vorgesehen werden.

MERKE

Informationen müssen aktuell, korrekt und in leicht zugänglicher Form bereitgestellt werden.

2.5 Kommunikation

Tz. 171

Kommunikation bezeichnet die Übertragung von Informationen; zwischen einem Produzenten (z. B. Sprecher, Schreiber) und einem Rezipienten (z. B. Hörer, Leser) werden Wissen, Erkenntnisse oder Erfahrungen ausgetauscht.

Erfolgsorientierte Kommunikation will zu einem bestimmten Verhalten, Denken oder Handeln veranlassen.

MERKE

Kommunikation ist ein strategischer Erfolgsfaktor.

Typische Kommunikationssituationen sind:

Besprechung	Geleitete Aussprachen, um zu gemeinsamen Schlüssen und Ergebnissen zu kommen
Präsentation	Visuelle Vorstellung von Ideen oder Ergebnissen zu einem bestimmten Thema
Konfliktgespräch	Austausch von Informationen und Argumenten zu einem strittigen Thema
Diskussion	Meinungs- und Gedankenaustausch, um mit anderen zu neuen Lösungsansätzen zu kommen
Beratung	Entwicklung von Lösungen mithilfe eines Experten
Unterhaltung	Spontane und informelle Gespräche

Rolle der Mitarbeiter

Wirksame Kommunikation muss in Unternehmen in jeder Richtung sowie auf allen und zwischen allen Hierarchieebenen stattfinden. Die Unternehmensleitung muss allen Mitarbeitern eindeutig und klar vermitteln, dass sie die Kontrollaufgaben sorgfältig und verantwortlich wahrnehmen müssen. Sie sollen ihre Rolle im Rahmen des IKS verstehen und die Zusammenhänge mit den Aufgaben der anderen Mitarbeiter kennen.

2.6 Überwachung

Tz. 172

Einhaltung der Regelungen

Das gesamte Kontrollsystem muss laufend beobachtet und gegebenenfalls angepasst werden, um die Einhaltung der Regelungen garantieren zu können. Neue Risikosituationen können dazu führen, dass die vereinbarten Maßnahmen nicht mehr oder nicht mehr wirkungsvoll greifen. Ein Überwachungssystem stellt deshalb einen wichtigen Erfolgsfaktor für ein effektives IKS dar.

Notwendig sind

- organisatorische Vorkehrungen, um eine kontinuierliche Beobachtung der Prozesse zu gewährleisten, und
- das Engagement der Vorgesetzten, die durch Stichproben und Überprüfungen die tatsächliche Durchführung der Kontrollen sicherstellen müssen.

Die Unternehmensleitung verantwortet durch Festlegung der Verantwortlichkeiten, dass – z. B. durch ein Reporting über die Kontrollergebnisse – die Funktionsfähigkeit des IKS jederzeit gesichert ist.

3. Information und Kommunikation als Komponente eines internen Kontrollsystems

Tz. 173

Zentrale Bedeutung für die Funktionsfähigkeit eines Risikofrüherkennungssystems hat die Informationsversorgung der Unternehmensleitung und die regelmäßige Berichterstattung über die Risikosituation. Die Risikokultur des Unternehmens muss dazu eine Kommunikationsstruktur zulassen, die nicht nur alle Einzelrisiken sichtbar macht, sondern auch ihre Wechselwirkungen und mögliche Kumulationen hinreichend berücksichtigt.

regelmäßige Berichterstattung

Deshalb muss im Unternehmen eine angstfreie Kommunikation ermöglicht werden. Die Identifikation und Bewertung von Risiken ist sinnlos, wenn sie nicht gemeldet werden. Das Risikomanagement muss verständlich, nachvollziehbar und akzeptiert sein, wenn es wirkungsvoll sein soll. Zur Vermeidung von Redundanzen, Widersprüchen und taktischen Empfindlichkeiten verlangt jedes IKS eine klare Zuordnung von Kompetenzen und Verantwortung.

Tz. 174

Zusätzlich muss neben der Regelberichterstattung – insbesondere bei einer geringen Berichtsfrequenz – bei dringenden Fällen auch eine unmittelbare und zeitnahe Information direkt an die Unternehmensleitung (Ad-hoc-Berichterstattung) vorgesehen werden. Bei einem bedeutenden erkennbaren Risiko muss – unter Beachtung festgelegter Schwellenwerte – der unmittelbare Vorgesetzte oder eine höhere Instanz umgehend informiert werden.

Ad-hoc-Berichterstattung

Tz. 175

Wie bei anderen Kommunikationsanlässen gehört zur Risikoberichterstattung auch eine institutionalisierte Rückkopplung.

ABB. 8: Institutionalisierte Rückkopplung

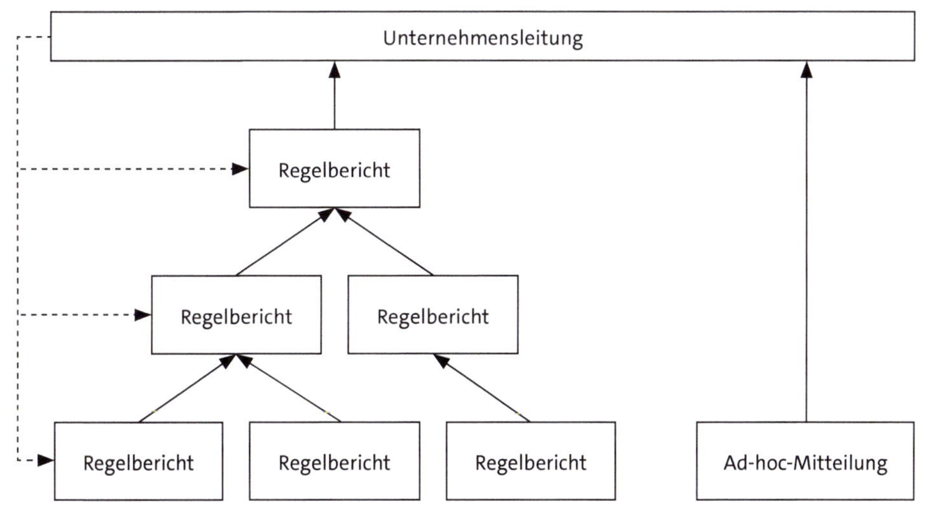

3.1 Kommunikationsstruktur

Tz. 176

Risikokommunikation verlangt eine **zielgerichtete, zeitnahe** und **verdichtete** Weitergabe von Informationen über erkannte Risiken und Chancen. Ihre Struktur muss so angelegt sein, dass

- die richtigen **Informationen**,
- zum richtigen **Zeitpunkt**,
- an die richtigen **Personen**

weitergeleitet werden.

Tz. 177

Verdichtung

Durch **Verdichtung** der Informationen bei der Risikobewertung wird die Qualität der Informationen so verbessert, dass auch kumulierte Risiken angemessen bewertet werden können.

Tz. 178

Zeitpunkt

Der **richtige Zeitpunkt** ist gegeben, wenn noch rechtzeitig geeignete Maßnahmen ergriffen werden können, die Risiken so weit wie möglich zu begrenzen. Eine regelmäßige Risikoberichterstattung stellt sicher, dass die Entscheidungen der Unternehmensführung unter Beachtung einer allgemeinen Risikoeinschätzung erfolgen.

Tz. 179

Entscheidungsträger

Die Information der zuständigen **Entscheidungsträger** wird durch die Definition von Schwellenwerten erreicht. Im Rahmen der Risikostrategie entscheidet bei Überschreiten der entsprechenden Werte die nächst höhere Instanz über notwendige Risikosteuerungsmaßnahmen. Die Unternehmensleitung wird über Risiken informiert, die existenzbedrohend sein können oder über erhebliche Verlustpotenziale verfügen.

Tz. 180

Zur Sicherung der Kommunikationswege werden Ablaufpläne unterschiedlicher Art eingesetzt.

- Die **interne Kommunikation** beschreibt die Informations- und Kommunikationsstränge innerhalb des Unternehmens.
- Die **externe Kommunikation** bezieht sich auf die Kommunikation mit Lieferanten, Kunden, Anteilseignern, Wirtschaftsprüfern usw.

3.2 Ablaufpläne

Tz. 181

Prozessabläufe

Mit einem Ablaufplan werden die geplanten sachlichen und zeitlichen Prozessabläufe dokumentiert. Die einzelnen Vorgänge werden in der vorgesehenen Reihenfolge und in ihrem sachlogischen Zusammenhang deutlich. Dazu stehen unterschiedliche grafische Darstellungen in Diagrammform zur Verfügung, mit denen die Prozessabläufe, Vorgänge, Entscheidungspunkte und die Reihenfolge der Bearbeitung so dargestellt werden, dass sie mögliche Risiken erkennen lassen.

Tz. 182

Flussdiagramm

Ein **Flussdiagramm** zeigt in übersichtlicher Form, welche Arbeitsschritte aufeinander folgen und eventuell auch wiederholt werden müssen. Sie sind durch Ablauflinien miteinander verbunden. Durch Normierung ist der Plan leicht verständlich und allgemein lesbar.

Im folgenden Flussdiagramm wird die Ersatzteilabgabe in einer Kfz-Werkstatt dargestellt:

BEISPIEL

ABB. 9: Flussdiagramm

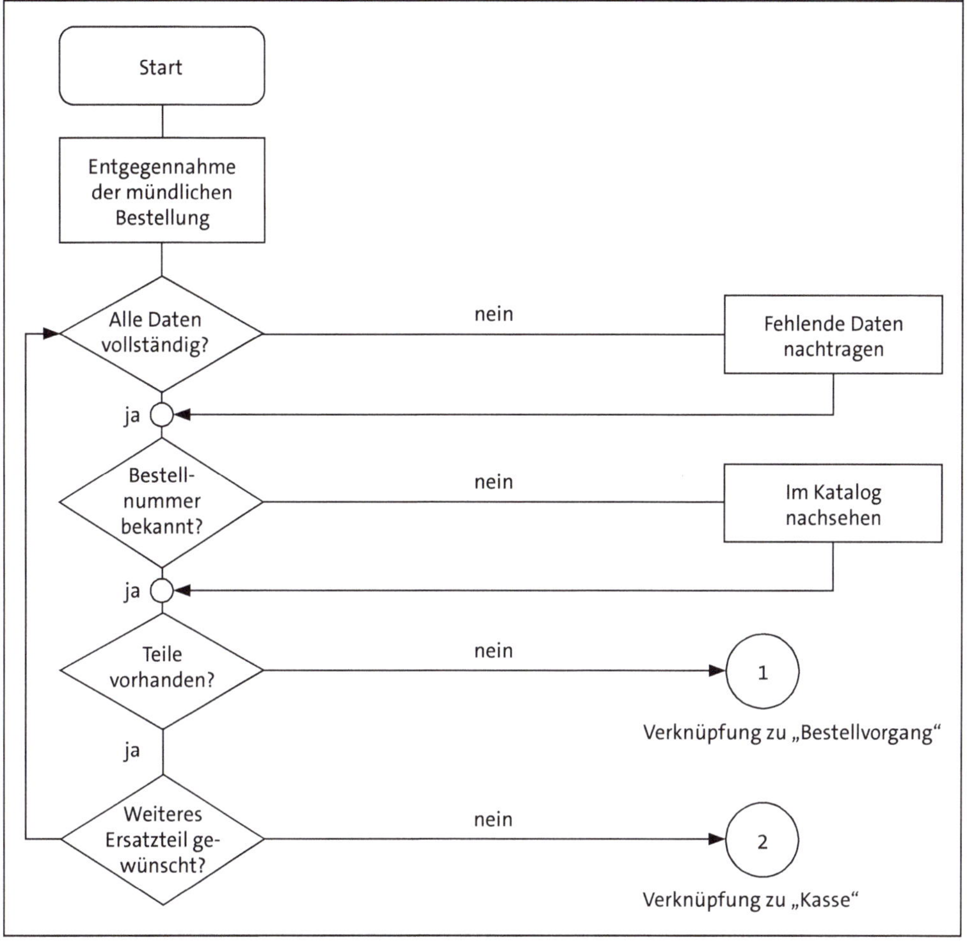

Tz. 183

Das Balkendiagramm **(Gantt-Diagramm)** dient der grafischen Darstellung von Reihenfolgeplanungen. Vor allem ist erkennbar, wie aufeinanderfolgende Arbeitsgänge zeitlich verschachtelt werden können. Die Durchlauf- und Wartezeiten von Aufträgen bzw. die Belegungs- und Leerzeiten von Maschinen lassen sich so übersichtlich darstellen.

Gantt-Diagramm

Bei drei Aufträgen (1, 2, 3), die jeweils von vier Maschinen (A, B, C, D) bearbeitet werden, ergibt sich z. B. die folgende Übersicht. Dabei wird unterstellt, dass die Reihenfolge der Bearbeitung nicht gleich sein muss und dass auch die jeweiligen Bearbeitungszeiten unterschiedlich sind. Die Zeiten, in denen ein Auftrag nicht bearbeitet werden kann, sind grau gekennzeichnet.

BEISPIEL

ABB. 10: Gantt-Diagramm

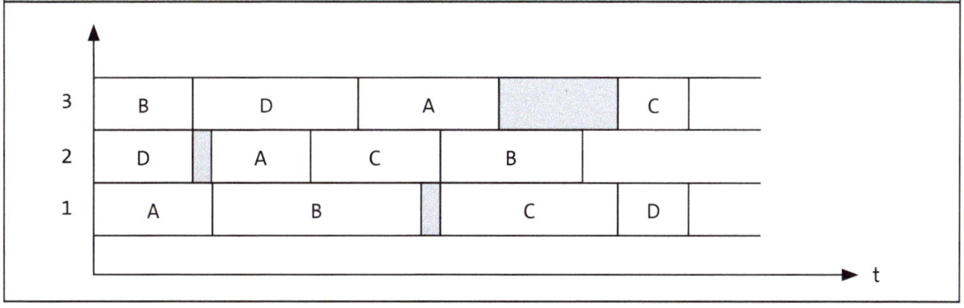

Tz. 184

Netzplan

Wenn zahlreiche Arbeitsschritte zeitlich aufeinander abgestimmt werden müssen, zeigt ein **Netzplan** die sinnvolle Reihenfolge. So wird ersichtlich, ob Arbeitsschritte abgeschlossen sein müssen, bevor mit einem anderen begonnen wird. Bevor ein Netzplan angelegt wird, muss deshalb eine **Strukturanalyse** stattfinden, um die Abhängigkeiten erkennen zu können. Mögliche Risiken (z. B. bei zeitlichen Engpässen) können so einfach und systematisch identifiziert werden.

Die Darstellung eines Netzplans kann sehr unterschiedlich sein, die Zeitachse bildet aber immer die Grundlage, darauf können dann die einzelnen Arbeitsvorgänge und ihre Abhängigkeiten abgetragen werden.

ABB. 11: Netzplan

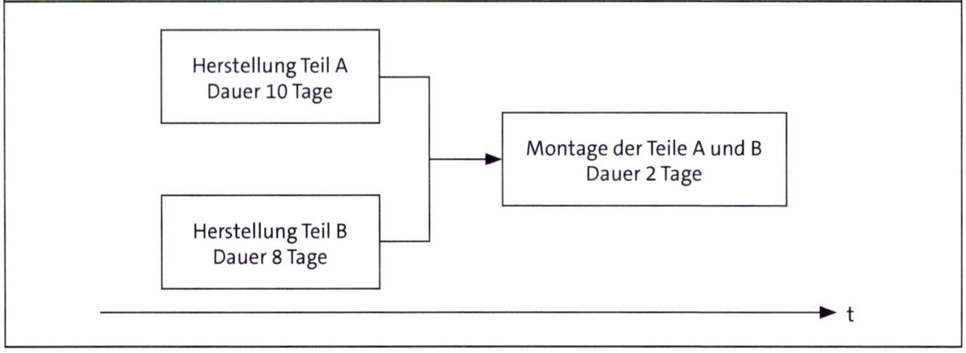

4. Überwachungsaktivitäten als Komponenten eines internen Kontrollsystems

Tz. 185

Aufgaben

Die Risikoüberwachung dient der Sicherung der Funktionsfähigkeit des IKS. Sie muss regelmäßig überprüft und bei Bedarf angepasst werden. Ihre Aufgaben sind:

- Überwachung und Einhaltung der rechtlichen Anforderungen,
- Überwachung der Einhaltung der Vorschriften des IKS/RMS,
- Identifikation von Schwachstellen,
- Entwicklung von Verbesserungen.

Tz. 186

Umsetzung

Bei der Umsetzung der Risikoüberwachung werden prozessunabhängige und prozessabhängige Maßnahmen unterschieden:

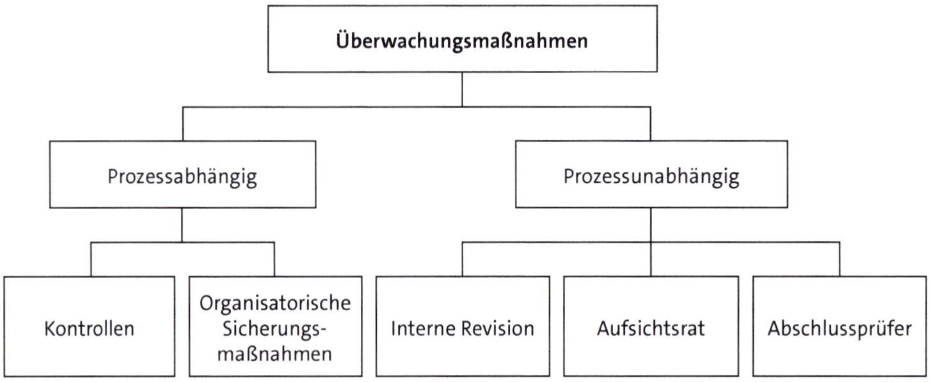

MERKE

Durch die Risikoüberwachung wird geprüft, ob das IKS den Normen und Anforderungen entspricht. Dadurch sollen Fehler vermieden und Verbesserungsmöglichkeiten aufgedeckt werden.

Tz. 187

Prozessabhängige Überwachungsmaßnahmen werden durch Stellen durchgeführt, die direkt in den Prozess des Risikomanagements eingebunden sind.

Die Prozessabhängige Risikoüberwachung erfolgt durch Kontrollen und organisatorische Sicherungsmaßnahmen.

Tz. 188

Prozessunabhängige Überwachungsmaßnahmen sollen die Zweckmäßigkeit, Sicherheit und Wirtschaftlichkeit sicherstellen und gegebenenfalls Veränderungen anregen.

Die prozessunabhängige Risikoüberwachung überprüft die Zweckmäßigkeit und die tatsächliche Umsetzung des IKS.

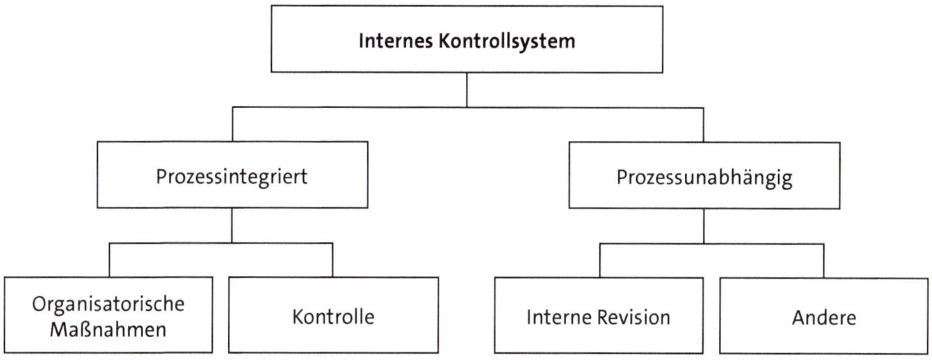

1.) In welchem Rhythmus werden Kontrollen durchgeführt?

Der Rhythmus hängt von der Organisation, der Art der Geschäftsprozesse der Branche und der Unternehmenskultur ab. In Frage kommen tägliche, wöchentliche, monatliche, jährliche und auch unregelmäßige Kontrollen (Tz. 151).

2.) Welchem Zweck dienen präventive Kontrollen?

Präventive Kontrollen *sollen das Auftreten von Fehlern verhindern. Sie werden bei Geschäftsprozessen eingerichtet, die ein hohes Risikopotenzial haben (Tz. 154).*

3.) Welchem Zweck dienen detektive Kontrollen?

Detektive *Kontrollen sollen (bereits aufgetretene) Fehler frühzeitig entdecken und dadurch mögliche Schäden begrenzen (Tz. 155).*

4.) Welche Aufgaben haben Checklisten im Rahmen eines IKS?

Checklisten sind ein Hilfsmittel bei der Durchführung von Kontrollaufgaben. Ihr Ergebnis fließt in einen Prüfbericht ein (Tz. 157 f.).

5.) Welche Arten von Risiken können sich aus dem Umfeld des Unternehmens ergeben? Nennen Sie drei.

- *Natürliche Risiken,*
- *technische Risiken,*
- *wirtschaftliche Risiken,*
- *soziokulturelle Risiken,*
- *rechtliche Risiken,*
- *Risiken durch Kunden (Tz. 157).*

6.) Nennen Sie drei Beispiele für wirtschaftliche Risiken.

- *Konjunkturentwicklung,*
- *Handelsbeschränkungen,*
- *Währungsschwankungen,*
- *Steueränderungen,*
- *Streik (Tz. 157).*

7.) Welche Funktionen übernimmt die Dokumentation des IKS?

Rechenschaftsfunktion, Sicherungsfunktion, Prüfbarkeitsfunktion (Tz. 161)

8.) Was ist „COSO“?

„COSO“ steht für ein internationales Standardwerk für ein unternehmensweites Risikomanagement, welches das „Committee of Sponsoring Organizations of the Treadway Commission“ entwickelt hat (Tz. 165 f.).

9.) Wodurch unterscheiden sich prozessabhängige und prozessunabhängige Überwachungsmaßnahmen?

Prozessabhängige Überwachungsmaßnahmen sind Kontrollen und Sicherungsmaßnahmen, die durch Stellen durchgeführt werden, die direkt in den Prozess des Risikomanagements eingebunden sind (Tz. 187). Prozessunabhängige Überwachungsmaßnahmen sollen die Zweckmäßigkeit, Sicherheit und Wirtschaftlichkeit des Risikomanagements sicherstellen und gegebenenfalls Veränderungen anregen. Sie erfolgen durch die interne Revision, den Aufsichtsrat und die Abschlussprüfer (Tz. 188).

V. Maßnahmen zur Vermeidung von Risiken ableiten

1. Organisation von Prozessen im Unternehmen

Tz. 189

MERKE

Ein Geschäftsprozess besteht aus der sachlogischen Verkettung wertschöpfender Aktivitäten und Funktionen, die zur Erfüllung einer betrieblichen Aufgabe erforderlich sind. Dabei entstehen interne und externe Risiken.

Geschäftsprozesse

Geschäftsprozesse sind durch folgende Merkmale charakterisiert:

- Sie haben einen eindeutigen Anfang und ein eindeutiges Ende.
- Sie bestehen aus einer Folge von betrieblichen Tätigkeiten.
- Sie sind zielgerichtet und erbringen einen Wertzuwachs.
- Sie verbrauchen Ressourcen und verursachen Kosten.
- Sie werden gesteuert.
- Sie integrieren Kunden und Lieferanten in den Ablauf.

1.1 Kernprozesse

Tz. 190

Wertschöpfungsprozesse

Bei den Kernprozessen handelt es sich um die unternehmerischen Wertschöpfungsprozesse. Die Aktivitäten haben einen direkten Bezug zum Produkt des Unternehmens. Sie umfassen alle direkt auf den Kunden gerichteten Teilprozesse.

Durch seine Kernprozesse unterscheidet sich ein Unternehmen von seinen Wettbewerbern.

MERKE

Kernprozesse beginnen mit dem Kundenwunsch und enden mit seiner Erfüllung. Sie enthalten alle dafür erforderlichen Teilprozesse.

1.2 Unterstützende Prozesse

Tz. 191

Supportprozesse

Unterstützende Prozesse (Supportprozesse) tragen nur mittelbar zur Wertschöpfung bei. Sie haben große Bedeutung für einen sicheren Ablauf der Kernprozesse und damit für die Erfüllung der unternehmerischen Ziele, erzeugen aber selbst keinen direkten Kundennutzen.

BEISPIELE

Personalverwaltung, Buchhaltung, Werkschutz, Kantine

2. Risiko-Kontroll-Matrizen für Prozesse

Tz. 192

tabellarische Übersicht

Die systematische Zusammenstellung der bewerteten Risiken kann in einer Risiko-Kontroll-Matrix erfolgen. Sie enthält in einfacher Form die identifizierten Risiken und bietet eine Übersicht für die Analyse und Beurteilung der eingeführten Kontrollmaßnahmen. Ziele, Risiken und die zugehörigen Kontrollaktivitäten werden dazu in **tabellarischer** Form zusammengefasst. Ihr Umfang wird je nach Komplexität des Unternehmens festgelegt. Erkennbar müssen aber die Antworten auf diese zentralen Fragen sein:

- Wer ist für welche Kontrollen verantwortlich?
- Wer führt die Kontrollen durch?
- In welchem zeitlichen Rhythmus werden die Kontrollen durchgeführt?
- Wie werden die Kontrollen dokumentiert?
- Wie wird die Funktionsfähigkeit der Kontrollen festgestellt?
- Wie wird die Funktionsprüfung dokumentiert?

Tz. 193

Für einzelne Teilprozesse können gegebenenfalls eigene Risiko-Kontroll-Matrizen erstellt werden.

Aufgaben

Die Risiko-Kontroll-Matrix dient so als Grundlage für die Bewertung der prozessbezogenen Kontrollmaßnahmen:

- Die Verantwortlichen erhalten ein übersichtliches und doch systematisches Bild von den Kontrollen in den Teilprozessen.
- Bei Prüfungen dienen die Risiko-Kontroll-Matrizen der Dokumentation und dem Nachweis eines IKS.
- Die Verantwortlichen erhalten einen vollständigen Überblick über die erkannten Risiken.
- Für alle wichtigen Risiken sind die festgelegten Kontrollmaßnahmen ersichtlich.
- Durch regelmäßige Auswertungen können Verbesserungsmöglichkeiten erkannt werden. Dadurch wird eine schrittweise Optimierung möglich.
- Die Risiko-Kontroll-Matrix ist zentraler Bestandteil der unternehmensspezifischen Dokumentation und ermöglicht, die Maßnahmen zur Risikovermeidung nachzuweisen.

Prozess	**Einkauf/Beschaffung/Zahlung**					
Ziel	**Fehlerfreier Einkauf, termingerechte Zahlung**					
Teilprozess	**Riskoanalyse**		**Maßnahmen**	**verantwortlich**	**präventiv/ detektivisch**	**Beurteilung**
	Risikofaktoren	**Rating**				
Bestellung	Bestellung von Waren, die nicht benötigt werden	mittel	Bestellungen werden nur nach Anforderung durchgeführt Bestellungen müssen vom Verkaufsleiter genehmigt werden	Einkäufer	d	ok
Wareneingang	falsche Menge wird geliefert	hoch	Bestellung und Lieferdokumente vergleichen	Wareneingangskontrolle	d	ok
	Rechnung weicht von Angebot ab	mittel	Vergleich der Rechnungsdaten mit den Angebotsunterlagen des Lieferanten	Einkäufer	d	ok
	Rechnungen werden doppelt erfasst	mittel	Prüfung, ob zur Rechnung eine Bestellung und ein Wareneingang vorliegt	Buchhaltung	p	ok
Zahlung	Zahlungen erfolgen, ohne dass eine Leistung erbracht worden ist	niedrig	Zahlungen nur nach einer Zahlungsliste, die anhand von Unterlagen erstellt wird, die eine erbrachte Leistung dokumentieren	noch zu benennen	p	ok
	Skonti werden nicht ausgenutzt	niedrig	Systemmeldung zwei Tage vor Fälligkeit	Kasse	p	ok
Rückforderungen	Garantieansprüche werden nicht geltend gemacht	niedrig	System generiert regelmäßig eine Liste mit offenen Rückforderungen, denen umgehend nachgegangen wird	Einkauf	p	ok

Tz. 194

mögliche Verluste

Die Risiken werden anhand des möglichen Schadensausmaßes und der Eintrittswahrscheinlichkeit quantifiziert. Drei Arten von möglichen Verlusten werden unterschieden:

- **Erwartete Verluste:** Die typischen, aus den allgemeinen Gefahren der Geschäftstätigkeit resultierenden durchschnittlichen Verluste können bereits bei der Planung berücksichtigt und im Rechnungswesen abgebildet werden.
- **Statistische Verluste:** Die Abweichung des effektiven Verlustes vom erwarteten Verlust wird für einen bestimmten Zeithorizont geschätzt.

- **Stressverluste:** Über extreme Ereignisse stehen i. d. R. nicht genügend Daten zur Verfügung. Sie können daher nur mit theoretischen Zufallsverteilungen oder durch Simulation von potenziellen Stressszenarien analysiert werden.

Risiko-Kontroll-Matrix	
Vorteile	**Nachteile**
Transparente Darstellung der Risiken	Erste Erstellung aufwendig
Benennung der Verantwortlichen möglich	Permanente Aktualisierung erforderlich
Einfache Handhabung	Nicht alle Risiken können erfasst werden
Anpassungen sehr einfach	Kann zu trügerischer Sicherheit führen
Schrittweise Optimierung möglich	

2.1 Missbrauch-Indikatoren für Prozesse

Tz. 195

Indikatoren sind Hinweise auf bestimmte Ereignisse, nicht jedoch das Ereignis selbst. Um möglichen Missbrauch festzustellen, benötigt man aber solche Anhaltspunkte, die auf Probleme hindeuten können.

Bei der Definition der Indikatoren muss die spezielle Situation des Unternehmens berücksichtigt werden, zudem sind die Anhaltspunkte in den verschiedenen Teilprozessen sehr unterschiedlich. Typische Indikatoren für wichtige Teilbereiche werden im Folgenden skizziert.

HINWEIS

Indikatoren für Teilprozesse lassen sich gut abfragen, deshalb haben die Indikatoren eine hohe Relevanz für die Prüfungen.

Auf keinen Fall darf aber eine beschränkte Zahl von Missbrauch-Indikatoren für alle Teilprozesse genutzt werden. Es wird darauf ankommen, für die beschriebene Handlungssituation jeweils die „richtigen", d. h. in der Situation sinnvoll anwendbaren Indikatoren zu beschreiben.

2.1.1 Einkauf

Tz. 196

Der Einkauf gehört zu den Geschäftsbereichen, in denen verstärkt Gelegenheit für missbräuchliche Handlungen besteht. Die Zusammenarbeit mit Lieferanten verleitet zu unerlaubten Absprachen und bietet auch Chancen zu korruptem Verhalten.

Tz. 197

Typische gängige Arten von Fehlverhalten im Einkauf sind: häufiger Missbrauch

- Bevorzugung einzelner Anbieter,
- Preisabsprachen,
- Leistungen für private Zwecke auf Rechnung des Unternehmens,
- unvollständige oder nicht erbrachte Leistungen,
- minderwertige Leistungen,
- Lieferanten sind mit dem Täter verbunden,
- Erteilung von unberechtigten Gutschriften, Mengenrabatten u. Ä.

Häufige Formen der Vorteilsgewährung sind Geschenke, Reisen, Barzahlungen oder „Provisionen" („Kickback-Zahlungen") als Belohnung für missbräuchliches Verhalten.

Tz. 198

Indikatoren im Einkaufs- oder Lieferantenbereich müssen also Hinweise auf mögliches Fehlverhalten geben können. Die nachfolgende Tabelle gibt eine (notwendig erweiterbare) Übersicht:

Gefährdeter Bereich	Indikatoren
Lieferantenauswahl	Ungewöhnliche Preise
	Bedingungen, die nur ein Anbieter erfüllen kann
	Bekannte/bewährte Anbieter werden nicht in die Auswahl einbezogen
	Akzeptanz von Angeboten nach Fristende
	Änderung von Bedingungen nach Auftragserteilung
	Große Zahl von Rechnungen knapp unterhalb einer festgelegten Schwelle
	Für unbekannte Lieferanten ist nur eine Person zuständig
Wareneingang	Ungewöhnliche Lieferorte
	Ungewöhnliche Lieferzeiten
	Beschreibung auf Lieferscheinen nicht eindeutig
	Fehlende Funktionstrennung im Wareneingang
	Ungewöhnlich hohe Anzahlungen
	Oberflächliche Wareneingangskontrolle
	Manipulierte Messgeräte (z. B. Waagen, Zählwerke)
Rechnungseingang	Unzureichende Angaben zur erbrachten Leistung
	Lieferanten mit ungewöhnlichen Adressen (z. B. Postfach, Privatanschrift)
	Erkennbar nicht versandte Rechnungen (z. B. keine Falten)
	Verschiedene Lieferanten nutzen identische Briefbögen
	Ohne oder falsche Handelsregister- oder Steueridentifikationsnummer
	Unbekannte Gesellschaftsverhältnisse bei Zwischenunternehmern
	Übliche Skonti oder Rabatte fehlen

2.1.2 Verbräuche

Tz. 199

Materialwirtschaft

Die Materialwirtschaft und insbesondere die Lagerhaltung sind für Manipulationen besonders anfällig. Neben Diebstahl und Unterschlagung stellt die Beeinflussung der Bestandserfassung einen besonderen Risikobereich dar.

Die nachfolgende Tabelle gibt eine (notwendig erweiterbare) Übersicht über Indikatoren zu möglichen Manipulationen der Verbräuche:

Gefährdeter Bereich	Indikatoren
Läger	Erhöhte Bestandsdifferenzen
	Erhöhte Ausschuss-/Verschrottungsquoten
	Zunahme von Barverkäufen
	Unregelmäßigkeiten bei Retouren
	Fehlende Funktionstrennung in der Lagerhaltung
	Unbeschränkter Zugriff auf den Lagerbestand
Vorräte	Mangelnde Funktionstrennung zwischen Warenannahme und -ausgabe
	Keine festgelegten Bestellschwellen
	Bestellrhythmus nicht transparent
	Erhöhte Abschreibungen ohne erkennbaren Grund
	Fehlende regelmäßige Inventur durch unabhängige Mitarbeiter
	Bestände an ungewöhnlichen Orten
	Bestände angeblich nicht zugänglich
Produktion	Ausgelagerte Bereiche sind nicht in das Kontrollwesen integriert
	Ungewöhnlicher Verschleiß bei Werkzeugen
	Erhöhter Ausschuss oder Materialverlust
	Fehlende Kosten- und Leistungsrechnung

2.1.3 Ausschuss

Tz. 200

Fehlproduktion

Als Ausschuss werden Erzeugnisse oder Erzeugnisteile bezeichnet, die für den vorgesehenen Zweck nicht mehr verwendet werden können, weil sie fehlerhaft sind oder die Qualitätsvorgaben von Kunden nicht erfüllen. Durch Fehlproduktion entstehen immer zusätzliche Kosten.

Um dieses Risiko rechtzeitig vermeiden und Ausschuss verhindern zu können, wird von der Fertigungskontrolle eine Ausschussstatistik geführt, mit der im Idealfall auch die Ursachen für die Fehlproduktion erfasst werden.

Tz. 201

Die kostenrechnerische kalkulatorische Erfassung des nicht fremdversicherten Risikos von Mehrkosten durch unverwertbaren Ausschuss und mögliche Nacharbeit wirkt in der Konsequenz wie eine Selbstversicherung. Das Risiko durch Fehler in der Leistungserstellung wird über den kalkulierten Preis auf die Kunden abgewälzt.

Die nachfolgende Tabelle gibt eine (notwendig erweiterbare) Übersicht über Indikatoren zu möglichen Manipulationen von Ausschuss:

Gefährdeter Bereich	Indikatoren
Produktion	Fehlende Statistiken zum Ausschuss
	Verzögerte Auslieferungen wegen festgestellten Mängeln
	Stillstandszeiten wegen erforderlichen Nachbesserungen
Läger	Erhöhte Ausschuss-/Verschrottungsquoten

2.1.4 Bargeschäfte

Tz. 202

hohes Risiko

Bargeschäfte erfolgen bei Lieferung bzw. Kauf von Waren gegen Barzahlung innerhalb einer bestimmten Zahlungsfrist. Sie gelten als besonders risikobehaftet, weil sie – wenn überhaupt – durch eigene Aufzeichnungen belegt werden und deshalb sehr einfach zu manipulieren sind. Anders als z. B. bei Überweisungen fehlen Fremdbelege und Kontrollmöglichkeiten sind somit nicht gegeben. Das gilt insbesondere bei Betrieben, bei denen der Bargeldverkehr im Mittelpunkt der geschäftlichen Betätigung steht. Bargeschäfte sollen deshalb täglich festgehalten werden.

LITERATUR

„Die Buchungen und die sonst erforderlichen Aufzeichnungen sind vollständig, richtig, zeitgerecht und geordnet vorzunehmen. Kasseneinnahmen und Kassenausgaben sollen täglich festgehalten werden." (§ 146 Abs. 1 AO)

Tz. 203

Dazu kommen zwei Möglichkeiten in Betracht:

- **Kassenbuch:** Die Bareinnahmen werden nur in einer Summe in ein Kassenbuch eingetragen. Das Zustandekommen dieser Summe muss zusätzlich durch Aufbewahrung der angefallenen Kassenstreifen und Bons nachgewiesen werden.
- **Kassenbericht:** Die Bareinnahmen werden anhand eines Kassenberichts nachgewiesen, indem sie mit dem Anfangs- und Endbestand der Kasse abgestimmt werden.

2.1.5 Fingierte Belege

Tz. 204

Belegprinzip

Das Belegprinzip gehört zu den Grundsätzen ordnungsmäßiger Buchführung. Jeder Geschäftsvorfall muss durch einen sachlich und rechnerisch richtigen Beleg dokumentiert sein, damit er in seiner Entstehung und Abwicklung verfolgt werden kann.

LITERATUR

„(1) Jeder Kaufmann ist verpflichtet, Bücher zu führen und in diesen seine Handelsgeschäfte und die Lage seines Vermögens nach den Grundsätzen ordnungsmäßiger Buchführung ersichtlich zu machen. Die Buchführung muß so beschaffen sein, daß sie einem sachverständigen Dritten innerhalb angemessener Zeit einen Überblick über die Geschäftsvorfälle und über die Lage des Unternehmens vermitteln kann. Die Geschäftsvorfälle müssen sich in ihrer Entstehung und Abwicklung verfolgen lassen." (§ 238 Abs. 1 HGB)

Tz. 205

Die nachfolgende Tabelle gibt eine (notwendig erweiterbare) Übersicht über Indikatoren zu möglichen Manipulationen von Belegen:

Indikatoren
Hohe Anzahl von Eigenbelegen
Fehlendes Vier-Augen-Prinzip bei der Belegkontrolle
Gegenzeichnungen sind berechtigten Personen nicht zuzuordnen
Rückdatierung bei Miet- und Arbeitsverträgen
Rechnungen an Briefkastenfirmen im Ausland

2.2 Interne Kennzahlen für die Prozesse

Tz. 206

verdichtete Informationen

Kennzahlen verdichten Unternehmensinformationen zu quantitativen Größen. Sie dienen als Basis für die Unternehmenssteuerung, weil sie objektive und nachprüfbare Vergleiche ermöglichen.

MERKE

Kennzahlen sind verdichtete Maßgrößen, die quantitativ messbare Sachverhalte komprimiert in aussagekräftiger Form wiedergeben. Sie ermöglichen chronologische Vergleiche und Vergleiche mit anderen Unternehmen.

Tz. 207

Zur Risikobeurteilung gehören selbstverständlich die globalen Unternehmensindikatoren wie Umsatzentwicklung, Betriebsergebnis, Cashflow usw. Spezifische Kennzahlen für einzelne Risikobereiche ermöglichen zusätzlich eine detailliertere Analyse. Wie die Kennzahlen genau gestaltet werden, ist abhängig vom Erkenntnisinteresse und von den Daten, die zur Verfügung stehen. Es gibt keine empirisch haltbaren Vorgaben, auf deren Grundlage bestimmte Kennzahlen ein Urteil über die künftige wirtschaftliche Lage ermöglichen würden.

HINWEIS

Wenn Sie in der Prüfung aufgefordert werden, zu einer bestimmten Fragestellung eine Kennzahl anzugeben, ist entscheidend, dass Ihre Antwort genau zu der Fragestellung passt. In keinem Falle ist es ausreichend, irgendeine Kennzahl, die Ihnen einfällt, „abzuladen".

2.2.1 Value at Risk

Tz. 208

höchster erwarteter Verlust

Der Value at Risk (VaR) misst – bezogen auf einen bestimmten Zeitraum und mit einer gegebenen Wahrscheinlichkeit (Konfidenzniveau) – den höchsten erwarteten Verlust bei gegebenen Bedingungen. Der VaR ist damit ein spezifisches Risikomaß im Bereich der Finanzrisiken, z. B. bei einem Portfolio von Wertpapieren oder bei einem Zinsportfolio.

MERKE

Der VaR gibt für einen bestimmten Zeitraum an, welche Verlusthöhe innerhalb eines gegebenen Zeitraums nicht überschritten wird.

Der VaR kann grundsätzlich für jedes Risiko angewendet werden, dessen Höhe mit Wahrscheinlichkeiten ermittelt wird. Allerdings geht in die Risikomessung nur die Verlustwahrscheinlichkeit ein, nicht aber die Verlusthöhe.

BEISPIEL

Der VaR beträgt bei einem Anlagebetrag von 10.000 € und einem Zeithorizont von zehn Tagen 200 €, das Konfidenzniveau liegt bei 99 %. Dann wird in den nächsten zehn Tagen mit einer Wahrscheinlichkeit von 99 % der Verlust nicht höher als 200 € sein.

Die wichtigsten Verfahren zur Ermittlung des Value at Risk sind:

2.2.1.1 Varianz-Kovarianz-Modelle (Delta-Normal-Ansatz)

Tz. 209

Bei dieser analytischen Methode wird die Eintrittswahrscheinlichkeit eines Risikos mithilfe einer – angenommenen – Normalverteilung (Gauß-Verteilung) ermittelt. Die Streuung um einen mittleren Erwartungswert zeigt die Wahrscheinlichkeit, mit der ein Ereignis eintritt.

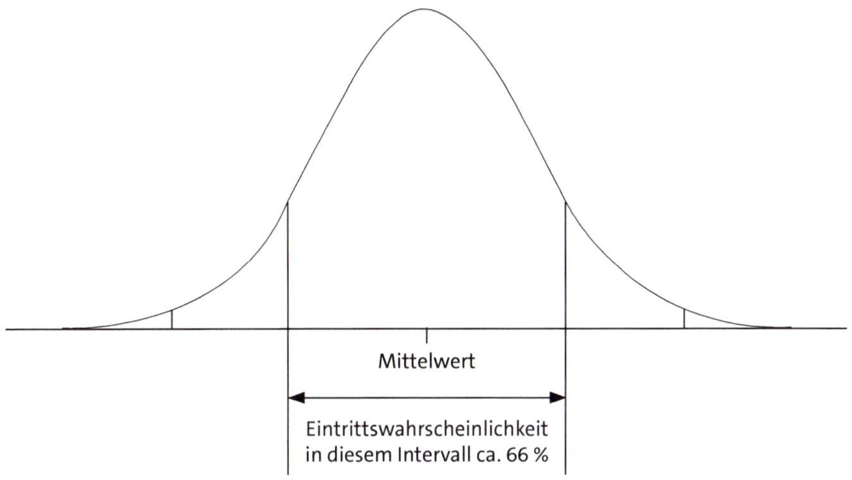

Diese Methode ermöglicht eine schnelle und einfache Risikoschätzung, benötigt aber Annahmen, die mit der Realität nicht vollständig übereinstimmen müssen.

2.2.1.2 Historische Simulation

Tz. 210

Die Daten zur Veränderung eines Risikofaktors aus der Vergangenheit werden in der Simulation auf die aktuelle Situation übertragen. Wegen ihres geringen mathematischen Anspruchs ist diese Methode einfach anzuwenden. Daten aus der Vergangenheit

Die Problematik liegt in der Unterstellung, dass Risikofaktoren aus der Vergangenheit ein Risiko auch in Zukunft in gleicher Weise beeinflussen werden und in der Bestimmung des optimalen (repräsentativen) Zeitfensters. Außerdem lassen sich Ereignisse nicht simulieren, wenn sie in der Vergangenheit noch nie beobachtet worden sind.

2.2.1.3 Monte-Carlo-Simulation

Tz. 211

Die Monte-Carlo-Simulation ist eine computergestützte, mathematische Technik. In einer großen Zahl von Simulationsläufen für zufällig gewählte Einflussfaktoren mit jeweils anderen Kombinationen von Risikoausprägungen werden über die entsprechenden Ursache-Wirkungsbeziehungen die zugehörigen Ergebnis- oder Zielgrößen ermittelt und so die Verteilungen von möglichen Ergebniswerten bestimmt. Korrelationen mit anderen Risiken können also berücksichtigt werden.

Die Gesamtheit der Ergebnisse hat den Charakter einer „repräsentativen Stichprobe" aller möglichen Risiko-Szenarien des Unternehmens. Bei einer hinreichend großen Anzahl von Simulationen kann ein realitätsnaher Wert für die jeweiligen Zielgrößen ermittelt werden, der ermöglicht, die Risiken des Unternehmens abzuschätzen. Die Wirkungen der wichtigsten Einzelrisiken können den entsprechenden Posten der GuV oder der Bilanz zugeordnet werden. Stichprobe

Nachteile der Monte-Carlo-Simulation sind der hohe Rechenaufwand und die Nutzung von anspruchsvollen statistischen Verfahren.

Die Verfahren der Risikoaggregation sollten allgemein bekannt sein, aber Einzelheiten müssen nicht diskutiert werden. HINWEIS

2.2.2 Ausbuchungsquoten

Tz. 212

Forderung aus Lieferungen und Leistungen sind bei vollständiger Bezahlung auszubuchen. Wenn eine Bezahlung ganz oder teilweise nicht erfolgt, wird eine entsprechende Wertberichti- Forderungsausfall gung vorgenommen. Ein Forderungsausfall wird angenommen, wenn nach vernünftiger kaufmännischer Beurteilung

- weder vom Schuldner
- noch aus der Verwertung von Sachsicherheiten (z. B. Sicherungsübereignung, Eigentumsvorbehalt),
- noch durch Personensicherheiten (Bürgschaften)

Zahlungseingänge zu erwarten sind.

$$\text{Ausbuchungsquote} = \frac{\text{Zahl der ausgebuchten Forderungen}}{\text{Gesamtzahl der Forderungen}} \cdot 100$$

bzw.

$$\text{Ausbuchungsquote} = \frac{\text{Wert der ausgebuchten Forderungen}}{\text{Gesamtwert der Forderungen}} \cdot 100$$

Von Bedeutung ist auch der durchschnittliche Wert der Forderungen bei Ausbuchungen:

$$\frac{\text{Wert der ausgebuchten Forderungen}}{\text{Zahl der ausgebuchten Forderungen}}$$

2.2.3 Debitorenkennzahlen

Tz. 213

Die Kennzahl **Debitorenlaufzeit** (auch Kundenziel) gibt an, wie viele Tage es durchschnittlich dauert, bis die Kunden (Debitoren) ihre Rechnung bezahlen.

MERKE

Die Debitorenlaufzeit ist der Zeitraum zwischen Rechnungsstellung und Kundenzahlung.

Grundsätzlich ist es vorteilhaft, wenn Kunden schnell bezahlen, die Debitorenlaufzeit also kurz ist, weil dadurch die Liquidität verbessert wird bzw. die zufließenden Mittel für beliebige Zwecke genutzt werden können.

Tz. 214

Die Kennzahl **Debitorenziel** wird aus dem durchschnittlichen Forderungsbestand und dem Zeitraum ermittelt, der zwischen der Rechnungserstellung und dem Zahlungseingang liegt. Sie drückt aus, wie schnell Forderungen von den Kunden beglichen werden:

$$\text{Debitorenziel} = \frac{\varnothing \text{ Forderungen aus LuL}}{\text{Umsatzerlöse + USt}} \cdot 360$$

bzw.

$$\text{Debitorenziel} = \frac{360}{\text{Umschlagshäufigkeit der Forderungen aus LuL}}$$

HINWEIS

Das Debitorenziel wird auch als „Kundenziel" oder „Debitorendauer" oder „Debitorenlaufzeit" bezeichnet.

Die Laufzeiten von Debitoren und Kreditoren haben einen entscheidenden Einfluss auf die Liquidität. Lange Debitorenziele zeigen ein höheres Risiko an, weil sie auf eine schlechte Zahlungsmoral der Kunden oder auf ein schlechtes Debitorenmanagement zurückzuführen sein können.

Durch einen Vergleich über mehrere Perioden kann festgestellt werden, wie sich das Zahlungsverhalten der Kunden ändert. Wenn sich die Debitorenlaufzeit verlängert, steigt das Risiko eines Zahlungsausfalls. Durch Gegenmaßnahmen wie ein konsequentes Forderungsmanagement (Verkürzung der Zahlungsziele, Verbesserung des Mahnwesen) können die Risiken begrenzt werden.

Bei der Interpretation sind die branchen- und länderüblichen Besonderheiten zu berücksichtigen.

Das Debitorenziel soll idealerweise kürzer sein als die Kreditorenlaufzeit.

Tz. 215

Alternativ kann die Risikoabschätzung mit der Kennzahl **Debitorenumschlag** erfolgen. Sie wird durch das Verhältnis der Umsatzerlöse zum durchschnittlichen Debitorenbestand gemessen.

$$\text{Debitorenumschlag} = \frac{\text{Umsatzerlöse}}{\varnothing\ \text{Forderungsbestand}}$$

Da es sich um den Umkehrwert der Debitorenlaufzeit handelt, ist ihre Aussage analog: Nimmt ihr Wert ab, steigt das Risiko und Gegenmaßnahmen werden erforderlich.

Je höher die Umschlagshäufigkeit der Forderungen ist, desto schneller können die Forderungen in liquide Mittel umgewandelt werden. Bei Rückgang dieser Kennzahl steigt das Risiko.

BEISPIEL

Die Forderungen der Meise AG betragen zu Beginn des Jahres 280.000 €, am Ende des Jahres 308.000 €. Im selben Zeitraum beliefen sich die Umsätze (einschließlich USt) auf 3.528.000 €.

$$\text{Debitorenlaufzeit} = \frac{\frac{280.000\,€ + 308.000\,€}{2}}{3.528.000\,€} \cdot 360 = \frac{294.000\,€}{3.528.00\,€} \cdot 360 = 30\ \text{Tage}$$

bzw.

$$\frac{360}{\frac{3.528.000\,€}{294.000\,€}} = \frac{360}{12} = 30\ \text{Tage}$$

Die Kunden zahlen durchschnittlich nach 30 Tagen, die Meise AG schlägt ihre Forderungen zwölfmal im Jahr um.

2.2.4 Kennzahlen zum Wareneinsatz

Tz. 216

Der **Wareneinsatz** ist die Menge der Waren, die in einer Periode zur Erzielung von Erlösen verbraucht worden ist. Sie wird mit dem Einstandspreis bewertet.

Bewertung

BEISPIEL

Berechnung des Wareneinsatzes:

	Anfangsbestand	100.000 €
+	Zugänge	40.000 €
-	Endstand	30.000 €
=	Wareneinsatz	110.000 €

Tz. 217

Die **Wareneinsatzquote** zeigt den prozentualen Wareneinsatz im Verhältnis zum Umsatz:

$$\text{Wareneinsatzquote} = \frac{\text{Wareneinsatz}}{\text{Umsatz}} \cdot 100$$

Tz. 218

Ähnlich gibt die **Materialaufwandsquote** den Anteil des Materialaufwands an der Gesamtleistung an:

$$\text{Materialaufwandsquote} = \frac{\text{Materialaufwand}}{\text{Gesamtleistung}} \cdot 100$$

Eine vergleichsweise hohe Materialaufwandsquote kann verschiedene Gründe haben:

- Unwirtschaftlicher Materialverbrauch,
- Preisehöhungen im Einkauf,
- Preissenkungen im Absatzbereich,
- Änderung der Gesamtleistung.

Tz. 219

Der **Rohertrag** stellt die Differenz zwischen Gesamtleistung und Materialaufwand dar.

BEISPIEL

Berechnung des Rohertrags:

	Gesamtleistung	100.000 €
-	Materialaufwand	85.000 €
=	Rohertrag	15.000 €

Die **Rohertragsquote** entwickelt sich umgekehrt zur Materialaufwandsquote:

$$\text{Rohertragsquote} = \frac{\text{Rohertrag}}{\text{Gesamtleistung}} \cdot 100$$

2.2.5 Weitere Kennzahlen

Tz. 220

Gesamtbild notwendig

Die spezifischen Kennzahlen werden aufgrund von Erfahrungswerten ausgewählt und zu einem Gesamtbild zusammengefügt. Die Vorgehensweise bei ihrer Ermittlung und Gewichtung ist mit dem Verfahren bei der Bilanzanalyse identisch.

Hilfreiche Kennzahlen sind z. B.:

Prozessrisiken

$$\text{Risikoabweichung} = \frac{\text{Ist-Ergebnis}}{\text{wahrscheinliches Ergebnis}} \cdot 100$$

$$\text{Risikoidentifikation} = \frac{\text{identifizierte Risiken}}{\text{alle eingetretenen Risiken}} \cdot 100$$

Beschaffungsrisiken

Beschaffungspreise = Preisindex wichtiger Rohstoffe

$$\text{Lieferantenstruktur} = \frac{\text{Zahl der A-Lieferanten}}{\text{Gesamtzahl der Lieferanten}} \cdot 100$$

Produktionsrisiken

$$\text{Versorgungssicherheit} = \frac{\text{Ausfälle Gas/Wasser/Strom}}{\text{Jahr}}$$

$$\text{Ausschussquote} = \frac{\text{Ausschuss}}{\text{gesamte Produktion}} \cdot 100$$

Absatzrisiken

$$\text{Abhängigkeit von Kunden} = \frac{\text{Aufträge von A-Kunden}}{\text{Gesamtaufträge}} \cdot 100$$

$$\text{Angebotserfolgsquote} = \frac{\text{Zahl der erhaltenen Aufträge}}{\text{Zahl der abgegebenen Angebote}} \cdot 100$$

$$\text{Auftragseingang} = \frac{\text{Auftragseingänge pro Monat}}{\text{Umsatz pro Monat}}$$

$$\text{Auftragsreichweite} = \frac{\text{Auftragsbestand}}{\text{Umsatz des Vorjahres}} \cdot 365$$

Wettbewerbsintensität = Zahl der (neuen) Wettbewerber

Risiken des Anlagevermögens

$$\text{Höhere Gewalt} = \frac{\text{Anzahl Brände, Blitzeinschläge, Hochwasser}}{\text{Jahr/Standort}}$$

$$\text{Investitionsquote} = \frac{\text{Nettoinvestitionen}}{\text{historische AK/HK}} \cdot 100$$

$$\text{Wachstumsquote} = \frac{\text{Nettoinvestitionen}}{\text{Abschreibungen}} \cdot 100$$

Personalrisiken

$$\text{Abhängigkeit von Mitarbeitern} = \frac{\text{nicht ersetzbare Know-how-Träger}}{\text{Zahl der Mitarbeiter}} \cdot 100$$

$$\text{Fluktuationsrate} = \frac{\text{Personalabgänge}}{\text{Zahl der Mitarbeiter}} \cdot 100$$

$$\text{Ausfallzeiten} = \frac{\text{Ausfallzeiten in Stunden}}{\text{Soll-Stunden}}$$

Finanzierungsrisiken

$$\text{Freie Kreditlinie} = \frac{\text{freie Kreditlinie}}{\text{maximale Kreditlinie}} \cdot 100$$

$$\text{Fremdkapitalquote} = \frac{\text{Fremdkapital}}{\text{Gesamtkapital}} \cdot 100$$

Zahlungsrisiken

Bonität der Kunden = durchschnittlicher Bonitätsindex der Kunden

$$\text{Ausfallquote} = \frac{\text{uneinbringliche Forderungen}}{\text{gesamte Forderungen}} \cdot 100$$

Technische Risiken

$$\text{Stillstandsquote} = \frac{\text{Stillstandszeiten in Stunden}}{\text{Sollstunden}} \cdot 100$$

$$\text{Reparaturquote} = \frac{\text{Reparaturen}}{\text{Maschinenbestand}}$$

Fraud-Risiken

$$\text{Kriminelle Handlungen} = \frac{\text{Betrugsfälle/Einbrüche/Plagiate}}{\text{Jahr}}$$

LITERATUR

Die hier angegebenen Kennzahlen sind eine Auswahl, die sich auf den Handlungsbereich „Ein internes Kontrollsystem sicherstellen" bezieht. Weiteren Kennzahlen werden in dem Buch „5 vor Finanzmanagement" dargestellt.

unvollständige Informationen

Auch durch eine große Zahl von Kennziffern können nicht alle Risiken erkannt werden. Sie müssen ergänzt werden um eine sorgfältige und sensible Beobachtung aller (auch der täglichen) Geschäftsfälle.

1.) Unterscheiden Sie zwischen Kernprozessen und unterstützenden Prozessen.

Kernprozesse sind Teil des unternehmerischen Wertschöpfungsprozesses, sie haben einen direkten Bezug zu den Produkten (Tz. 190). Unterstützende Prozesse erzeugen keinen eigenen Kundennutzen (Tz. 191).

2.) Wie lässt sich eine Risiko-Kontroll-Matrix beschreiben?

Ziele, Risiken und die zugehörigen Kontrollaktivitäten werden in einer Tabelle zusammengefasst. Sie dient als Grundlage für die Bewertung der prozessbezogenen Kontrollmaßnahmen (Tz. 192 ff.).

3.) Welche Vorteile bietet eine Risiko-Kontroll-Matrix?

- *Sie dient als Nachweis für ein IKS.*
- *Alle festgelegten Kontrollmaßnahmen sind erkennbar.*
- *Es ergibt sich ein übersichtliches Bild auch für die Teilprozesse.*
- *Verbesserungsmöglichkeiten sind erkennbar.*

(Tz. 193)

4.) Bei einer Risiko-Kontroll-Matrix werden drei Arten von Verlusten erkennbar. Welche sind das?

- *Erwartete Verluste,*
- *statistische Verluste,*
- *Stressverluste (Tz. 194).*

5.) Nennen Sie drei Indikatoren, die auf Missbrauch bei der Lieferantenauswahl hinweisen können.

- *Ungewöhnliche Preise,*
- *Akzeptanz von Angeboten nach der Abgabefrist,*
- *unbekannte Lieferanten werden von einer Person bevorzugt,*
- *Rechnungen knapp unterhalb von Kontrollschwellen,*
- *Anpassung von Bedingungen nach Auftragserteilung (Tz. 198).*

6.) Welche Methoden zur Risikoaggregation kennen Sie?

Varianz-Kovarianz-Modell, Historische Simulation, Monte-Carlo-Simulation (Tz. 209 ff.)

VI. Übungsaufgaben

Der Handlungsbereich „Ein internes Kontrollsystem sicherstellen" wird in einer der drei Klausuren zusammen mit anderen Handlungsbereichen schriftlich geprüft. Weil es also keine eigene Klausur gibt, wird hier konsequent keine Übungsklausur konstruiert. Es erscheint sinnvoller, einzelne Aufgabentypen zu unterschiedlichen Themen zu präsentieren.

Die Aufgaben sind vergleichsweise kurz, weil in diesem Handlungsbereich nur ca. 12 Punkte erreicht werden können. Deshalb sind in den Klausuren umfangreiche Fragestellungen (die eine längere Bearbeitungszeit voraussetzen) nicht zu erwarten.

Aufgabe 1

Die Blume AG exportiert über 60 % ihrer Produkte in viele unterschiedliche Länder. Sie lässt ihr Risikomanagement durch einen Unternehmensberater überprüfen. Er rät, verstärkt auf die Identifikation von externen Risiken zu achten. Die AG will aber auch gegenüber internen Risiken aus menschlichen Risikoquellen reaktionsfähig sein.

1. Nennen Sie drei externe Risiken mit möglichen Folgen für das Unternehmen.
2. Nennen Sie vier personelle Risiken, die durch ein IKS aufdeckt werden können.

Aufgabe 2

Bei einer Organisationsuntersuchung bei der Rose AG werden gravierende Mängel festgestellt. So werden beispielsweise von demselben Mitarbeiter Werkstoffe bestellt und die eingehenden Rechnungen ohne Gegenprüfung abgezeichnet.

Der Aufsichtsrat fordert daher die sofortige Einführung der vier wesentlichen Prinzipien eines IKS. Beschreiben Sie diese vier Prinzipien.

Aufgabe 3

Die Alium KG will Methoden der Risikobewertung nutzen, um Risiken aus Finanzpositionen präziser einschätzen zu können.

1. Beschreiben Sie, welche Kennzahl dafür besonders geeignet ist.
2. Begründen Sie, warum sich die Szenario-Technik hierfür nicht eignet.

Aufgabe 4

Die Krokus AG beabsichtigt, zur Steuerung und Kontrolle verstärkt Kennzahlen zu nutzen.

1. Beschreiben Sie, welche Arten von Kennzahlen eingesetzt werden können. Nennen Sie jeweils ein Beispiel.
2. Nennen Sie vier interne Kennzahlen zur Analyse des Beschaffungsprozesses.

Aufgabe 5

In Unternehmen treten sog. operationelle Risiken auf.

1. Nennen Sie die vier operationellen Risikoarten
2. Nennen Sie zu jeder Risikoart jeweils zwei Risikotypen.
3. Geben Sie für jeden genannten Risikotyp ein praktisches Beispiel an.

Aufgabe 6

Bewerten Sie die folgenden Aussagen, indem Sie „richtig" oder „falsch" ankreuzen.

	richtig	falsch
Risikobewertungen sind genauer, wenn sie Wechselwirkungen zwischen Risiken berücksichtigen.		
Je genauer ein Verfahren zur Bestimmung des operationellen Gesamtrisikos ist, desto höher wird tendenziell das Gesamtrisiko gemessen.		
Ein Problem bei der Bewertung operationeller Risiken besteht darin, dass die Eintrittswahrscheinlichkeit und die wahrscheinliche Schadenshöhe nicht konstant sind, weil sie einer Streuung unterliegen.		
Bei der Risikoaggregation wird nicht nur das Gesamtrisiko bestimmt, sondern auch die relative Bedeutung der Einzelrisiken.		

Aufgabe 7

Sie sind Assistent der Geschäftsleitung der Habicht AG, die Küchengeräte herstellt. Mitarbeiter des Außendienstes berichten Ihnen, dass sich die Kunden zunehmend über die Qualität der Milchschäumer beschweren. Nachforschungen ergeben ergeben, dass die Probleme mit einem Schalterelement zusammenhängen, das offensichtlich schon nach kurzer Zeit nicht mehr zuverlässig arbeitet. Dieses Element wird dann von der Habicht AG kostenlos repariert.

Die Behebung des Mangels ist bisher nicht separat erfasst worden. Ein Versicherungsschutz besteht nicht. Die vereinbarte Gewährleistungspflicht beträgt allgemein ein Jahr.

1. Nennen Sie drei Risiken, die sich für die Habicht AG ergeben können.
2. Beschreiben Sie für die genannten Risiken drei Maßnahmen, um ein funktionierendes IKS zu etablieren.

Aufgabe 8

Hans Fink leitet seit mehr als 20 Jahren ein Unternehmen in Köln, in dem nach Zusatzstoffen für die Lebensmittelindustrie geforscht wird. Seit etwa zwei Jahren hat er das unbestimmte Gefühl, dass die Kündigungen der angestellten Forscher zunehmen und dass sich das Betriebsklima verschlechtert. Offenbar sind die Mitarbeiter weniger motiviert.

Entwickeln und erläutern Sie drei Kennzahlen, die Herrn Storch eine Überprüfung seiner Beobachtungen ermöglichen.

Aufgabe 9

Die Milan AG hat folgende Risikomatrix entwickelt:

Schadenshöhe / Eintrittswahrscheinlichkeit	ohne	niedrig	erheblich	kritisch	existenziell
häufig					
möglich					
selten					
sehr selten					
unwahrscheinlich					

Stellen Sie folgende Risiken in der Matrix dar. Setzen Sie dazu die Buchstaben in die entsprechenden Zellen der Matrix.

A Der wichtigste Lieferant meldet Insolvenz an.

B Neue Wettbewerber erobern Marktanteile.

C Das Kundenverhalten verändert sich.

D Durch neue Technologien werden die Produktionsbedingungen verändert.

E Notwendige Ersatzinvestitionen sind nicht durchgeführt worden.

F Ein neues Gesetz verändert die Rahmenbedingungen.

G Durch die Nähe zum Rhein besteht Überflutungsgefahr.

H Die Produktionshalle wird durch Brand zerstört.

Die Fragestellung ist aus Sicht der Teilnehmer angenehm, weil die Antworten auf Einschätzungen beruhen. Sie müssen aber plausibel sein.

Aufgabe 10

Die Tukan GmbH beabsichtigt, eine zusätzliche Produktionshalle zu errichten. Sie werden beauftragt, die damit verbundenen

a) baulichen,

b) kaufmännischen und

c) allgemeinen externen Risiken

zu ermitteln.

Nennen Sie jeweils drei Risiken.

Aufgabe 11

Ein externer Unternehmensberater hat der Maribu AG nach einer umfassenden Analyse der Unternehmensbereiche geraten, eine umfangreiche Neuausrichtung vorzunehmen.

a) Beschreiben Sie am Beispiel von drei Abteilungen jeweils ein Risiko, das als Folge der Neuausrichtung auftreten kann.

b) Nennen Sie zu den von Ihnen genannten Risiken jeweils eine Maßnahme, mit der die Risiken der Neuausrichtung vermindert werden können.

Eine clevere Bearbeitung hat gleichzeitig beide Aufgabenstellungen im Blick, weil unter b) die Antworten zu a) berücksichtigt werden müssen.

Lösung zu Aufgabe 1

1. Marktentwicklungen, Gesetzesänderungen, Naturkatastrophen
2. Austrittsrisiko, Engpassrisiko, Anpassungsrisiko, Motivationsrisiko, Loyalitätsrisiko, Gesundheitsrisiko, Führungsrisiko

Lösung zu Aufgabe 2

- **Das Prinzip der Transparenz:** Bei diesem Prinzip soll das Unternehmen wesentliche Geschäftsprozesse so klar und nachprüfbar definieren, dass die Wirtschaftsprüfer beurteilen können, ob die Mitarbeiter auf der jeweiligen Organisationsebene dieses Sollkonzept befolgt haben. Die Unternehmensleitung gibt auf diese Weise ihre Erwartungshaltung vor.
- **Das Vier-Augen-Prinzip:** Dieses Prinzip fordert, dass alle bedeutenden Vorgänge von einer zweiten Person geprüft werden. Von einer einzelnen Person darf keine wichtige Entscheidung allein getroffen und kritische Tätigkeiten dürfen nicht von einer einzelnen Person durchgeführt werden.
- **Funktionstrennung:** Nach diesem Prinzip muss durch die Organisationsstruktur gewährleistet werden, dass eine Person einen Geschäftsfall niemals alleine durchführen und überwachen kann.
- **Mindestinformationen:** Dieses Prinzip gewährleistet zweckmäßige Zugangsbeschränkungen. Mitarbeitern sollen jeweils nur die Informationen zur Verfügung stehen, die für die Durchführung der zugewiesenen Aufgaben benötigt werden.

Lösung zu Aufgabe 3

1. **Value at Risk:** Mit dieser Kennzahl werden die Risiken von Finanzpositionen gemessen. Sie gibt die Höhe des Verlustes an, der mit einer bestimmten Sicherheitswahrscheinlichkeit (z. B. 95 %) innerhalb eines bestimmten Zeitraums nicht überschritten wird. Die Betrachtung ist kurzfristig und für die Analyse von dynamischen Entwicklungen über längere Zeiträume nicht geeignet.
2. **Szenario-Technik:** Mit der Szenario-Technik werden strategische Risiken analysiert. Sie ist zur Analyse von kurzfristigen Risiken nicht geeignet.

Lösung zu Aufgabe 4

1.

Kennzahlen	**Beschreibung**	**Beispiele**
Absolute Kennzahlen		Jahresüberschuss
Beziehungskennzahlen	Bestimmen das Verhältnis zwei verschiedenartiger Größen	Einkaufswert pro Mitarbeiter
Indexkennzahlen	Zwei gleichartige Größen werden in ein meist zeitliches Verhältnis zueinander gesetzt. Die Größe zum Basiszeitpunkt erhält dabei den Wert Null. Zu einem späteren Zeitpunkt ist die prozentuale Veränderung dann direkt ablesbar.	Index der Einkaufspreise
Gliederungskennzahlen	Setzen eine Teilmenge zur Gesamtmenge ins Verhältnis	Anteil Einkaufswert Artikelgruppe A am gesamten Einkaufswert

2.

Bereich	Beispiele
Bestellwesen	Mindestbestellmenge, Optimale Bestellmenge, Durchschnittlicher Bestellwert
Einkauf	Durchschnittlicher Einkaufswert pro Lieferant, Bezugskostenquote, Durchschnittliche Kosten je Bestellung
Preisverhältnisse	Preisindex, Durchschnittlicher Rabatt
Lieferanten	Rückstandsquote, Anzahl der Überlieferungen, Anzahl der Unterlieferungen, Beanstandungsquote

Lösung zu Aufgabe 5

1. **Risikoarten:** Prozessrisiken, Systemrisiken, Risiken durch Personal, Externe Risiken

2.

- **Prozessrisiken**

  Risikotypen: z. B. Produktionsrisiken, Sicherheitsrisiken, Steuerungsrisiken

Zutritt unbefugter Personen in Sicherheitsbereiche, mangelnde Wirksamkeit von Berichterstattung und Monitoring

- **Systemrisiken**

  Risikotypen: z. B. Hardwarerisiken, Softwarerisiken, Datenrisiken, Modellrisiken

Ausfall der IT (Hardware-/Softwarerisiken), fehlerhafte Annahmen in Planungsmodellen (Modellrisiken)

- **Risiken durch Personal**

  Risikotypen: z. B. Kulturrisiken, Qualitätsrisiken, Verhaltensrisiken, Managementrisiken

Fachliche Qualifikation unzureichend, Schädigung durch kriminelle Handlungen

- **Externe Risiken**

  Risikotypen: z. B. Umweltrisiken, Katastrophen, Marktentwicklungen, Gesetzesänderungen

Schäden durch Überschwemmungen, Erdbeben, Exportverbote, Handelsverbote

Lösung zu Aufgabe 6

	richtig	falsch	Kommentar
Risikobewertungen sind genauer, wenn sie Wechselwirkungen zwischen Risiken berücksichtigen.	X		Berücksichtigung von Korrelationen erhöht die Sensibilität für die Wahrnehmung von Risiken
Je genauer ein Verfahren zur Bestimmung des operationellen Gesamtrisikos ist, desto höher wird tendenziell das Gesamtrisiko gemessen.		X	Die anspruchsvolleren Methoden führen tendenziell zu einem geringeren festgestellten Gesamtrisiko.
Ein Problem bei der Bewertung operationeller Risiken besteht darin, dass die Eintrittswahrscheinlichkeit und die wahrscheinliche Schadenshöhe nicht konstant sind, weil sie einer Streuung unterliegen.	X		Die Eintrittswahrscheinlichkeit und die wahrscheinliche Schadenhöhe können sich im Zeitablauf ändern.
Bei der Risikoaggregation wird nicht nur das Gesamtrisiko bestimmt, sondern auch die relative Bedeutung der Einzelrisiken.	X		Nur dadurch können sinnvoll Maßnahmen gegen einzelne Risiken ergriffen werden.

Lösung zu Aufgabe 7

1. **Interne Risiken:**

- Weil die Nachbesserungen nicht erfasst werden, kann keine sinnvolle Kalkulation durchgeführt werden.
- Der zusätzliche Aufwand führt zu einer Gewinnreduzierung.
- Die Liquidität ist gefährdet.

Externe Risiken:

- Imageprobleme, d. h. die mangelhafte Qualität wird dem Ruf der Habicht AG schaden.
- Das wird zu einem Rückgang der Kundennachfrage führen.
- Die Wettbewerbsposition wird gefährdet.

TIPP

In der Aufgabe ist nicht angegeben, ob interne oder externe Risiken gemeint sind. Deshalb können sie frei gewählt werden. „Nennen" erfordert keine zusätzlichen Ausführungen.

2.

TIPP

Es sollen drei Teile eines IKS beschrieben werden, die Risiken aus dem beschriebenen Problem vermeiden oder verringern. Es reicht also nicht, allgemein beliebige Elemente eines IKS aufzulisten, es muss ein klarer Bezug zur Aufgabenstellung erkennbar sein.

- **Erfassung und Dokumentation der Gewährleistungsfälle:** Jeder Gewährleistungsfall sollte erfasst und den beteiligten/zuständigen Abteilungen zur Kenntnis gebracht werden. Damit wird zum einen die Möglichkeit geschaffen, vorbeugend zu agieren und zum anderen können die Aufwendungen in der Buchhaltung erfasst werden.
- **Auswertung der Gewährleistungsfälle:** Die Schadenshöhe muss festgestellt und die Schadensursache muss ermittelt werden. Getrennt davon erfolgt die Berücksichtigung im Rechnungswesen (Funktionstrennung). Bei der Vorbereitung des Jahresabschlusses ist zu prüfen, ob eine Rückstellung gebildet werden muss.
- **Sicherung der Berichtswege:** Durch organisatorische Vorkehrungen (z. B. durch verpflichtende Meldungen) muss sichergestellt werden, dass alle Gewährleistungsfälle erfasst und entsprechende Maßnahmen im Rechnungswesen getroffen werden können. Dadurch können gleichzeitig die Anforderungen des Abschlussprüfers und der Finanzverwaltung erfüllt werden.

Lösung zu Aufgabe 8

Herr Storch muss Kennzahlen entwickeln, die im chronologischen Vergleich zeigen, ob sich das Personalrisiko und der Abfluss von Wissen verändert haben.

TIPP

Hier muss kein gelerntes Wissen reproduziert werden, wichtig sind sinnvolle und aussagefähige Kennzahlen. Bei entsprechender Erläuterung können diese auch selbst entwickelt sein.

1. Die Fluktuationsquote kann ein Maß kann für das Betriebsklima sein: Mitarbeiter, die sich nicht wohlfühlen, werden das Unternehmen verlassen wollen. Ein Vergleich von mehreren Perioden zeigt eine Tendenz. Allerdings kann die Fluktuationsquote auch Indikator für das Vertrauen sein, das die Mitarbeiter in die Zukunftsfähigkeit des Unternehmens setzen.

$$\text{Fluktuationsquote} = \frac{\text{Zahl der Mitarbeiterkündigungen}}{\text{Zahl der Mitarbeiter}} \cdot 100$$

2. Mitarbeiter, die nicht motiviert zur Arbeit gehen, werden eher „krankfeiern". Deshalb gibt die Krankenquote Aufschluss über das Betriebsklima und die Zufriedenheit der Mitarbeiter. Sie kann aber auch Hinweise geben auf die Sicherheit der Arbeitsplätze.

$$\text{Krankenquote} = \frac{\text{Zahl der Krankentage}}{\text{Gesamtzahl der Arbeitstage}} \cdot 100$$

3. Die Abwesenheit von Mitarbeitern kann zwar unterschiedliche Ursachen haben, aber auch ein Indikator für ihre Zufriedenheit sein. Motivierte Mitarbeiter werden seltener fehlen.

$$\text{Fehlzeitenquote} = \frac{\text{Fehltage aller Mitarbeiter}}{\text{Sollarbeitstage aller Mitarbeiter}} \cdot 100$$

4. Mitarbeiter, die sich wohl fühlen und motiviert sind, werden sich mehr anstrengen, vereinbarte Ziele zu erreichen.

$$\text{Zielerreichungsgrad} = \frac{\text{erreichter Wert einer Zielgröße}}{\text{geplanter Wert einer Zielgröße}} \cdot 100$$

5. Die Veränderung von qualitativen Einflussgrößen kann i. d. R. (besser als mit Kennzahlen) durch Umfragen oder persönliche Gespräche festgestellt werden. Sofern genügend große und zuverlässige Daten vorliegen, lassen sie sich trotzdem als Kennzahl formulieren:

$$\text{Betriebsklima} = \frac{\text{Mitarbeiter, die das Betriebsklima als „gut" einschätzen}}{\text{Gesamtzahl der Mitarbeiter}}$$

Lösung zu Aufgabe 9

Eintrittswahrscheinlichkeit \ Schadenshöhe	ohne	niedrig	erheblich	kritisch	existenziell
häufig					
möglich		C	B		
selten		D	E		
sehr selten		F		A	
unwahrscheinlich					G, H

Lösung zu Aufgabe 10

Zum Beispiel

- Planungsfehler,
- Bauverzögerungen,
- Mängel in der Ausführung.
- Insolvenz des Bauträgers,
- vorgesehenes Budget wird überschritten,
- die zusätzlich hergestellten Produkte können nicht abgesetzt werden.
- Vorhaben wird von der Bauaufsicht nicht genehmigt,
- Bauabnahme wird verweigert,
- neue Auflagen zum Umweltschutz.

Lösung zu Aufgabe 11

Zum Beispiel

Abteilungen	a)	b)
Vertrieb	Kunden ziehen sich zurück	Informations-/Werbe-/Kommunikations-kampagne
Finanzen	Notwendiger Kapitalbedarf kann unterschätzt werden	Beschaffung zusätzlicher Mittel
Personal	Ängste vor Veränderungen beeinträchtigen die Motivation	Einbindung der Mitarbeiter/Sicherung der Arbeitsplätze
Marketing	Bisherige Marketingstrategie kann nicht mehr überzeugen	Maßnahmenbündel zur Öffentlichkeitsarbeit

TIPP

Durch die Darstellung in einer Tabelle wird die Aufgabe zeitsparend und übersichtlich gelöst. Die Zusammenhänge zwischen den beiden Teilen sind deutlich zu erkennen.

STICHWORTVERZEICHNIS

Die angegebenen Zahlen verweisen auf die Textziffern (Tz.).

A

Ablauforganisation 68, 148
Ablaufplan 181
Absatzrisiken 49, 59
Abschlussprüfer 103, 105, 111 f., 122 f.
Abweichungsanalysen 153
Ad-hoc-Berichterstattung 174
Aktiengesetz 106
Analyse, morphologische 31
Anforderungen, betriebswirtschaftliche 126
Angebotserfolgsquote 220
Anpassungsrisiko 63
Anti-Fraud-Managementsystem 81
Arbeitsanweisungen 163
Arbeitsunfälle 55
Aufbauorganisation 143 ff.
Aufsichtsrat 103, 105
Auftragseingang 220
Auftragsreichweite 220
Ausbuchungsquote 212
Ausfallquote 220
Austrittsrisiko 61

B

Backup-Systeme 71
Balkendiagramm 183
Bargeschäfte 202 f.
Befragungen 27
Belege, fingierte 204
Belegprinzip 204
Berechtigungskonzept 164
Berufsgenossenschaften 55
Beschaffungspreise 220
Bestandserfassung 199
Bilanzanalyse 220
BilMoG 105
Bonität 220
Bottom-up-Methode 41
Brainstorming 34
Brainwriting 35

C

Checklisten 157
COBIT 103
Compliance-Management-System 95
Controlling 119
Corporate Governance 114
COSO 165 ff.

D

Datensicherung 71
– differenzielle 74
– inkrementelle 73
Datenverlust 70
Debitorenlaufzeit 213
Debitorenumschlag 215
Debitorenziel 214
Delegation 144
Delphi-Methode 36
Delta-Normal-Ansatz 209
Dokumentation 125, 159 ff.
Dokumentenanalyse 153

E

Effektivität 127
Einzelrisiken 25, 42 ff., 125, 157
Engpassrisiko 62

F

Fehlerbaumanalyse 33
Fehler-Möglichkeiten-Einfluss-Analyse 30
Firewall 71
Fischgrät-Diagramm 32
Flexibilität 128
Fluktuationsrate 220
Flussdiagramm 182
Fraud-Risiken 76 ff., 220
Fremdkapitalquote 220
Frühwarnsystem 39
Führung, ethische 119
Führungsrisiko 67
Funktionstrennung 139 f.

G

Gantt-Diagramm 183
Ganzheitlichkeit 130
Garantieleistungen 54
Gegenkontrolle 138
Gemeindehaushaltsverordnungen 103
Genossenschaftsgesetz 106
Gesundheitsrisiko 66
Gewährleistung 54

H

Handbuch 161 f.
Handelsgesetzbuch 106
Höhere Gewalt 220

I

IKS
– Bestandteile 86 ff.
– rechtliche Grundlagen 102 ff.
Indikatoren 98, 195 ff.
Institut der Wirtschaftsprüfer 124
Integrationskonzept 94
Interne Revision 96
INTOSAI 103
Investitionsquote 220
Ishikawa-Diagramm 32

K

Kassenbericht 203
Kassenbuch 203
Kennzahlen 206 ff.
Kommunikation
– externe 180
– interne 180
Kontinuität 129
KonTraG 106
Kontrollaktivitäten 151 ff., 169
Kontrolle/n
– automatische 152
– detektive 155
– interne 86
– manuelle 152
– präventive 154
– primäre 156
– sekundäre 156
Konzernlagebericht 102, 105, 133
Koordinationsformen 146
Korruption 103
Kreditlinie 220
Kundenziel 213 f.

L

Lagebericht 105, 110, 132 f.
Lagerhaltung 199
Lieferantenstruktur 220
Loyalitätsrisiko 65

M

Marktforschung 119
Materialaufwandsquote 218
Materialwirtschaft 199
Mindestinformationen 141
Monte Carlo-Simulation 211
Motivationsrisiko 64

N

Netzplan 184

O

Organigramm 147
Organisation 93
– Risikomanagement 126
Organisationsmängel 68
Organisationsstruktur 139

P

Personalrisiken 49, 60 ff., 220
Personenrisiken 20
Produkthaftung 54
Prozessrisiken 68, 220
Prüfbarkeitsfunktion 161
Prüfung, Jahresabschluss 122
Prüfungsbericht 111 f.
Prüfungsstandards 103, 124
PS 340 124
Publizitätsgesetz 106

Q

Qualitätsmanagement 119

R

Rechenschaftsfunktion 161
Rechtsrisiken 50
Rechtsstreit 52
Regelberichterstattung 174
Reparaturquote 220
Revision
– externe 86
– interne 86, 96
Risiko/en
– Definition 5 ff.
– externe 18
– finanzielle 58
– finanzwirtschaftliche 22
– im engeren Sinne 5
– im weiteren Sinne 6
– leistungswirtschaftliche 21
– ökologische 24
– quantifizierbare 17
– strategische 16
– symmetrische 15
– wirtschaftliche 57 ff.
Risikoabweichung 220
Risikoaggregation 44, 90
Risikobegrenzung 9, 45 f.
Risikoberichterstattung 113, 125, 175, 178
Risikobeurteilung 168
Risikobewertung 89
Risikocharakteristik 168
Risikochecklisten 157
Risikodiversifikation 11

Risikofaktoren 168
Risikofreudigkeit 168
Risikofrüherkennungssystem 136
Risikohandbuch 125
Risikoidentifikation 168, 220
Risikointerdependenzen 125
Risikoinventar 44, 87, 159
Risikoinventur 87
Risikokommunikation 125
Risiko-Kontroll-Matrix 192 ff.
Risikomanagement
– dezentral 94
– Mindestanforderungen 103
– zentral 95
Risikomatrix 8
Risikoquellen 49 ff., 120
Risikosteuerung 91
Risikotragfähigkeit 42
Risikoüberwachung 92, 185 ff.
Rohertragsquote 219

S

Sachrisiken 20
Sarbanes-Oxley Act 102, 115 ff.
Schadensersatz 54
Schwellenwerte 125, 174, 179
Separationskonzept 95
Sicherungsfunktion 161
Sicherungsmaßnahmen 140 f.
Spezialisierung 145
Steuerrisiken 56
Stillstandsquote 220
Strafen 53
Strukturanalyse 184
Supportprozess 191
Szenarioanalyse 37

T

Täuschungen 76
Teilaktivitäten 148
Top-down-Methode 41
Transparenz 137
TUG 104

U

Umschlagshäufigkeit, Forderungen 214
Unfallschutz 119
Unrichtigkeiten 76
Unternehmensziele 4

V

Value at Risk 208 ff.
Varianz-Kovarianz-Modell 209
Vermögensschäden 76
Versorgungssicherheit 220
Vertragsrisiken 51
Vertriebsrisiken 59
Vier-Augen-Prinzip 138
Volldatensicherung 72
Vorteilsgewährung 197

W

Wachstumsquote 220
Wareneinsatzquote 217
Wettbewerbsintensität 220
Wirtschaftlichkeit 131

Z

Zielerreichung 7
Zugangsbeschränkungen 141
Zugriffsrechte 141
Zwicky-Box 31